発達障害児・気になる子の巡回相談

すべての子どもが「参加」する保育へ

浜谷直人 編著

ミネルヴァ書房

発達障害児・気になる子の巡回相談
―すべての子どもが「参加」する保育へ―

目　　次

序　章　巡回相談――専門職が子どもの現場に出向く時代
　　　　　　　　　　　　　　　　　　　　　　……………………浜谷直人…1

1　参加することは，一緒にいること？……1
2　保育が楽しければ参加する……2
3　子どもが保育に参加する
　　――インクルージョン・関係・物語……3
4　巡回相談――現場に出向き，現場で学ぶ支援……4
5　専門職が現場に出向いて支援する意義
　　――どの子どもにも平等に支援を……6
6　相談員は，保育者の伴走・伴奏者……8
7　人権としての参加……10

第1章　困難をかかえた子どもが保育へ参加する
　　　　　　　　　　　　　　　　　　　　　　……………………浜谷直人…15

1　発達障がい・虐待・気になる子など「困難をかかえた子ども」の保育……15
2　発達の視点から保育を見直す……16
3　参加の視点から保育を見直す……17
4　集団と類似の行動をしていることは参加？……19
5　保育への参加状態のパターン……20
6　インクルージョンとしての参加……22
7　子どもが意見表明することと保育への参加……26
8　参加状態とダンピング状態の違い……29
9　場面の切り替えと参加状態……31

目　　次

10　参加状態を作り出す保育の構想と子ども集団の力……34
11　ケアの暴力性と参加……38
12　参加と物語……41
13　背中に目がある保育者……43
14　子どもの気持ちがわかるので自然に保育が組み立てられる
　　……44
15　保育者の心の中でいつも子どもが話し合いをしている……46
16　専門職が保育を支援する視点としての「参加」……47

巡回相談事例を読むにあたって…53

**第2章　「問題行動」を挑発する子どもへの気づきから
　　　　楽しい活動をつくった保育** ……………宇野敦子…55
1　転入園から巡回相談までのナナミの様子……56
2　巡回相談……59
3　カンファレンス……60
4　その後の保育の展開……63
5　まとめ……65

**第3章　見捨てられ不安の強い子が安心して仲間と
　　　　関われるようにした保育** ……………五十嵐元子…71
1　どんなに手をつくしても，パニックがおさまらない日々
　　──初回相談までの経過……72
2　ミキが園で楽しく遊べるようになって欲しい（初回相談）
　　……74

iii

3 ミキとの関わりと保育体制が整う中で
　（初回巡回後の取り組み）……78
4 好きな遊びで楽しめるようになる
　——お絵かきから絵本作りへ……79
5 楽しい遊びがクラス全体の活動になるまで……81
6 ま と め……83

第4章　脳性まひの子をほどよく援助するようになった保育 ……………田中浩司…91

1 ユミの育ちと相談の経緯……92
2 保育者自身の援助を振り返り，集団活動の意味を問い直す
　……93
3 遊びを広げることと遊びを認めること……97
4 自然な援助とは何かを考える……99
5 ま と め……102

第5章　友だちへの淡い関心を関わりへと育てた保育
……………………………………………………芦澤清音…109

1 友だちと遊ぶように働きかけることに迷う……110
2 友だちへの関心に気づく……112
3 観客から活動の主体者になる可能性を知る……115
4 大好きな友だちができる……116
5 みんなが行事を楽しむ保育を工夫する……117
6 クラスの一員として活動を楽しむ……118

7 巡回相談が果たした役割……120

第6章 欠点を指摘し合う子どもたちが，お互いを認め合うまでに成長した保育 ……照井裕子…125

1 あきらめないで話していたアスカが萎縮するようになる
――入園から年長進級まで……126

2 アスカに対するからかいがはじまる
（初回巡回相談までの経緯）……127

3 クラスの育ちを考える（巡回相談の実施）……128

4 一人一人の気持ちを聞きだすことと，一人一人のよいところを見つけ合うこと（巡回相談後の担任の取り組み）……133

5 アスカのがんばりをクラスの子どもたちが認める
（2学期前半の取り組みとクラスの様子）……134

6 子どもたちが苦手なことをがんばる経験をする
（2学期後半の取り組みとクラスの様子）……136

7 子どもたちが対等に意見を出し合う
（3学期：お楽しみ会の練習）……137

8 アスカが自信をもって活動に取り組む姿がよく見られるようになる（3学期：お楽しみ会本番とその後の様子）……138

9 まとめ……139

第7章 自閉傾向の子どもへの個別配慮とクラスの遊びづくり ……田中浩司…143

1 ナオキのこれまでの育ち……143

2 ナオキとの接点を探す（年少クラスでの巡回相談）……145
3 ナオキを含むクラス全体の育ちを考える
  （年長クラスでの巡回相談）……149
4 自信を持って活動に取り組む……153
5 障がいを持つ子を中心とした保育……153
6 対等な意見を持つ仲間集団……154
7 まとめ……155

第8章　生活の中から子どもの関心を見出して仲間との関係につないだ学童保育　……三山　岳…159

1 指導員からのSOSを受けて，緊急に対応する……160
2 仲間との関係が深まるような関心に見たてをつける……164
3 子どもたちがお互いに認め合う関係を支援する……166
4 まとめ……169

第9章　実際の巡回相談の様子
　　　　——実務の手順と現場を支援する機能　……浜谷直人…175

1 自治体の状況に応じて様々な巡回相談が行われている
  ……175
2 巡回相談における現場……177
3 コンサルテーションとしての巡回相談……178
4 対象児だけに問題を見る危険性……179
5 現場を見ない，資料を見ない相談の危険性……181
6 支援対象児を含む支援対象状況をアセスメントする……182

7　巡回相談の支援機能……186

第10章　インクルージョンの実現と巡回相談の役割
………………………………………浜谷直人…195

　　1　専門職が障がい児を支援する形態……195
　　2　統合保育の巡回相談における専門職の支援形態……199
　　3　インクルージョンにおける支援形態……200
　　4　インクルージョンにおける間接支援……201
　　5　インクルージョンにおける平等の問題とアセスメント
　　　　……202
　　6　意見表明の解釈問題と少数者バイアス問題……206
　　7　現場で何をアセスメントするか
　　　　――「場面の切り替え」から保育への参加を見る……209
　　8　現場でアセスメントする
　　　　――状況が変われば子どもの行動も変化する……212
　　9　発達を支援し保育の改善に寄与するアセスメント
　　　　――ポジティブなアセスメント……213
　　10　開放され書き換え可能な柔らかいアセスメント……215

コラム

　統合保育の歴史（芦澤清音）……12
　ICFにおける参加（飯野雄大）……49
　子どもの虐待（三山　岳）……88
　巡回相談と専門機関（飯野雄大）……106

「気になる子」と巡回相談（五十嵐元子）……123

鬼ごっこ（田中浩司）……157

巡回相談と新版K式発達検査2001（飯野雄大）……192

序　章　巡回相談
―― 専門職が子どもの現場に出向く時代

浜谷直人

1　参加することは，一緒にいること？

　保育の場で，私たちは，「参加する」，「参加している」，という言い方をよくします。子どもが集団の活動の中に入っていくときや，一緒にいる状態のときに，こういう言い方をします。たいてい，あまり疑うことなく，参加することは好ましいことだと考える傾向があります。

　たしかに，子どもは友だちと一緒にかかわり合う集団的な活動のなかで成長します。保育者や友だちの思いに支えられて，ちょっと背伸びして，みんなの中に入っていって，一人ではできなかったことに挑戦します。そうして，達成感や一体感を味わい，自信をつけていきます。だから参加することを肯定的に考えるのでしょう。

　一方で，子どもは，自分のペースで自分の好きなことをしていたいときがあります。しばらく人の影響を受けずに，誰からも干渉されない状態で，自分の世界の中に浸ります。そこで安心感を得ることができるので，それが成長の基盤になります。そういうときに，集団へ参加することが，子どもの気持ちを尊重しないで強制される

ならば，子どもは傷ついたり恐れたりします。

2 保育が楽しければ参加する

子どものそのときの気持ちと状態を充分に尊重することなく，集団活動に入れようとすることは珍しいことではないでしょう。それだけに，次のエピソードは，印象に残ります。

ある幼稚園への巡回相談で経験したことです。筆者が相談を依頼されたのは，年中の女児（マイちゃん）でした。園舎は2階建てで，年中クラスは2階にありました。先生がみんなに，絵本を読み聞かせていたとき，マイちゃんは身じろぎもせずに集中して聞いていました。ところが，先生が読み終えた途端に，テラスの方にとびだしていきました。何か面白いことはないかと探しに行ったのです。マイちゃんは，朝の会で保育者の話を聞くときや，制作活動で自分の作品が完成した後（ほとんどの子どもはまだ，制作の最中でクラスにいます）など，突然に一人だけ1階に下りていってしまいます。そして，水場や園庭で，しばらく遊んでは，クラスに戻ってくるのです。

担任のミエ先生は，マイちゃんのことを次のように話されました。「マイちゃんは，わざとクラスから出るのではありません。そのときは，私の保育が魅力的でないから楽しくないのだと思う。楽しい保育になれば，マイちゃんは戻ってきて，だれよりも集中して参加しています。だから心配していません。自分の保育がどの程度楽しく魅力的であるかをマイちゃんが行動で教えてくれています。それに，1階に降りていっても，私はマイちゃんのことを思っていますし，マイちゃんも私や友だちのことを考えています。」

マイちゃんの行動を漠然と見ていると，保育になかなか参加しない，参加できない子どもだと思われます。しかし，マイちゃんの心の動きを丹念に見ると，そのときの保育の内容と，それに対する関心の深さとの関係で参加していることがわかります。けっして参加しない，参加できないと単純に言うことはできません。そのことをミエ先生はよく理解されていました。また，一人でいるように見えるときでも，クラスと気持ちがつながっています。このように，子どもの保育への参加という事象は，保育場面への子どもの気持ちとの関係の中で丁寧に考える必要があることを，マイちゃんのケースは教えてくれます。

それから3ヶ月ほど経ってから，マイちゃんが，クラスから抜け出すことが目に見えて減ってきました。シン君とマナちゃんが側にいてくれると，何をするでもなくクラスの中にいるようになったのです。そういうときは，とくに先生が意図して設定した活動をしているわけでもないけれど，友だちとなんとなく一緒にいるという状態です。それも一種の参加している状態と言えるのではないでしょうか。

3　子どもが保育に参加する
――インクルージョン・関係・物語

子どもの気持ち，保育の内容や課題，友だちとの関係，それらが交差する中で，子どもが参加するという現象を具体的に考えて，その支援を考察する，それが，本書の主要なテーマです。

本書では，「参加」しているとは，子どもの意見表明が尊重されることだと捉えてみます。ある一人の子どもの意見は，そのときの

保育の内容・課題や，他児・集団との関係で，尊重されることもあれば，軽視されることもあります。そのありさまを，統合と分離，インクルージョンと排除という観点から，理論的に整理して，保育において参加を見る視点を提示します。同時に，個人の歴史つまり自己形成という視点から見るならば，参加が実現されることは，子どもが経験する出来事につながりが生まれ物語になっていくことです。そういう時間的な視点からも，参加に迫ってみたいと考えました。

　本書の主要な部分は，具体的な巡回相談事例です。いずれも，保育における子どもの参加の実態と，保育者の悩みや取り組みを丁寧に描いています。巡回相談では，私たち相談員に，保育者からいろいろな相談が寄せられます。それを相談の主訴と呼んでいます。「子どもが集団活動に参加できるようにするにはどうしたらよいでしょうか」という主訴は，代表的なものです。参加をめぐるいろいろな主訴から，保育の経過を丹念に記述して，参加が実現する過程に迫ります。そこには，保育者が子どもを思うやさしくきめこまやかな実践が見ることができます。私たちは，その保育実践から多くを学んできました。

4　巡回相談
——現場に出向き，現場で学ぶ支援

　本書のもう一つのテーマは，巡回相談という臨床発達支援のあり方について実践的に考察することです。

　現在，発達や障がいに関する臨床を専門とする人たちが次々に誕生しています。その人たちは，専門職として，伝統的な療育・相談

施設の中で子どもを迎えて支援しているだけではありません。子どもが生活し学習する現場に出向いて支援することにも取り組みはじめています。そのような支援のニーズがしだいに高まり，取り組む人が多くなっています。私たちが直面している新しい時代の流れです。

　現場に出向いていくとき，たいていの人は，自分の仕事がもつ可能性にワクワクし気持ちが昂揚します。現実の生活と友達関係の中で，子どもたちの笑顔や，保育者が子どもと関わる姿をみること，それ自体が新鮮です。生活の中で生じている困難な状況が改善されて，子どもが生き生きと過ごせるようになることに自分の専門性が役に立つとしたら，これほどうれしいことはない，そう感じるのではないでしょうか。療育・相談施設の中で仕事をしているときとは，一味違ったやりがいを感じることができます。

　一方，現実を前にして，何をどのように見ればよいのか焦点が定まらず，専門職として役に立つことができるのだろうかと途方にくれることもよくあります。大学で学んできたこと，療育相談施設で得た知識と技能が，そのままでは現場の生活の困難な状況に切り込んでいく有効な道具にならないことを突きつけられます。自分の持っている知識を現場で振りかざせば，子どもの困難な状況が改善されるどころか，かえって，状況は悪化することになります。

　現場に出向く臨床発達支援は，やりがいはありますが，未知なことが多いタフな仕事でもあります。筆者も，やりがいと途方にくれる感覚を何度も経験しながら実践してきた専門職の一人です。

　私たちは，本書によって，支援に取り組む専門職の方々が，何か小さなことでも手がかりを得て，考えを深める契機になればと願っ

ています。同時に，本書を読んだ専門職の方々が元気になって勇気がわくような状況が生まれることや，これからそういう仕事をめざす若い世代の方々がこういう仕事に魅力を感じていただければという思いがあります。

また，本書の相談事例は「困難をかかえた子どもの保育」でしばしば直面する保育者の悩みと，それを契機に保育が充実発展していった経過をリアルに描いた物語です。相談員はそこから多くを学びましたが，保育者の方々もこれらの物語をとおしてそれぞれの保育実践を振り返り，大切な基本を再確認し，明日から保育する元気を得ることができるはずです。

5 専門職が現場に出向いて支援する意義
—— どの子どもにも平等に支援を

発達や障がいに関するこれまで主流であった専門的な支援は，子どもと家族が，療育機関や相談所に通所・通園する形式でした。しかし，困難な状況におかれた子どもと家族にとっては，専門機関に定期的に通うことは不可能に近い場合がほとんどです。

虐待などが疑われる場合では，専門的な支援を届けようと接近すれば，家族がそれを忌避して遠ざかることは珍しくありません。そのような家族に専門機関への来所を促し，それをただ待つだけでは事態の悪化を座視するだけになります。

今や，親子が通園・通所に時間を要する専門機関に定期的に通うことができるとすれば，それだけで，その家族は恵まれた状況にあると言うことができます。

園・学校・学童保育所は，家の近くにあり，幼児期から学齢期ま

で子どもが毎日，日中の時間を過ごす公的な場です。困難な状況におかれた子どもも，そこで学習し，遊び，友達との関係を結び，長い時間を過ごします。

巡回相談は，そのような子どもが毎日を過ごす場に専門職が出向くものです。これは，困難をかかえた子どもを含めて，どの子どもにも支援を届けることが可能な支援形態です。したがって，この格差が進行している社会において，どの子どもも平等に発達する権利を保障するという理念に比較的良く適合するものだと考えます。このような視点から，巡回相談のような現場に出向く臨床発達支援を充実整備し，そのあり方を検討する必要が生まれています。

また，例えば，子ども・保護者が専門機関に通い，そこで，支援や助言を受けて，その支援のあり方と効果について専門機関も保護者も肯定的に評価しているとします。つまり，専門機関の専門職も親も，訓練を受けて子どもがほんとうに良くなったね，などと話している状況だとします。しかし，それが子どもの生活場面での状況の改善に寄与するかというと，事態はそう単純ではありません。

親と専門職は，園・学校においても，専門機関と同じように子どもに対応して欲しいと願い，場合によっては，そう要求することがあります。その願いと要求に，しばしば，保育者・教師は困惑することになります。保育者・教師は，園・学校という環境の中で，その子どもが良い状況になるようにと取り組んでいるのですが，専門機関の発想からの要求は，それにそぐわないばかりか，場合によっては，その取り組みを妨害しかねないことがあります。

あるいは，こういう状況もありえます。専門機関からの願いと要求にたいして，その子どもの担任保育者・教師は納得し，クラスで

の指導をそのように修正・変更したとします。しかし，その変更した新たな指導方針は，園・学校全体の職員の目から見て不適切だとみなされることがあります。そのため，担任だけが職員集団で孤立し，批判的に見られるという事態を生み出します。それは，回り回って，子どもの状況を悪化させかねません。

このようなことは，多様な状況のなかのほんの一例にすぎないし，複雑な事態を単純化しすぎているかもしれません。しかし，重要なことは，専門職が専門職固有の論理で支援すれば事態が良くなるわけではないという点です。園・学校の状況に即した支援ができなければ，関係する人たちのつながりが切断され，場合によっては対立する状況をつくりかねないのです。

現場に出向く巡回相談は，子どもに関係する人たちのつながりを回復し，生活場面での子どもの状況が改善することに寄与するという構想の中に位置づきやすい支援形態であると考えます。そういう視点からも制度を充実整備し，実践のあり方を検討することが期待されます。

6　相談員は，保育者の伴走・伴奏者

現在，園も学校も多様な困難を抱えて多忙感が加速しています。このため，自らの専門性にかかわる仕事を，心理職などに外注したくなる状況に置かれています。巡回相談員もそのような要望を受けることがあります。

しかし，本書でケースを報告する相談員は，自分たちも保育者も相談を通して，お互いに学び合い，力を高めていき，育っていくことが大切だという思いで，相談を実践してきました。それが，現場

の保育力を高めることにつながることを願ってきました。ときには，それはそのケースの問題を解決するためには，迂遠でもどかしいと感じられることがあります。

一般的に，ともすると専門職は自分が相手からより求められるように動こうとする傾向をもつのかもしれません。筆者の相談活動を振り返ると，現場からの主訴に気の利いた答えを用意して，再び，現場から呼ばれることを期待してきた，そういう自分の姿が見えてきます。まるで，それが現場のニーズに応えているかのように考えていたときがありました。しかし，本書では，それは勘違いであるという共通の理解で実践を振り返っています。

臨床を学び始めた初学者はもちろんのことですが，たいていの人は，支援を求める人の悩みが解決し，悩みがなくなることが支援の目標だと考えるのかもしれません。そしてそのために，なにかすぐに役立つ処方箋やハウツーを現場に提供しようとします。

しかし，巡回相談によって保育者の悩みが解決された途端に，別の子どもをどう保育するかについて専門職へ依存するという道をたどりかねません。それは保育を他の専門職へ外注するという危険な道への第一歩となります。

保育者は，子どものことを思い，悩み続け，自分なりに保育を工夫し，そこに微かな手応えを感じるという，決して終わりのない過程が深まる分だけ，子どもを愛することができるのではないでしょうか。

相談員は，保育者の終わりのないマラソンレースの伴走者になることはできても，重荷を取り上げて車で運んでゴールまで持っていくことはできません。伴走しながら，一緒にもがき苦しみ，がんば

れと声援を送るしかないのです。それが相談員のアセスメントや助言というものです。

その苦しい過程を経て実った保育実践から，相談員は多くを学びます。そのとき，相談員は，豊かに奏でられた保育実践という協奏曲の伴奏者であったことを自覚します。その喜びを味わうには，相談員の側に慎み深い自制の心が不可欠なのです。

7　人権としての参加

本書は，季刊『発達』107号の特集「発達と参加を支援する巡回相談」をもとにして出来上がっています。

当時，子どもを個人として見て支援するのではなく，保育者や他の子どもたちや保育課題との関係で支援するときに，どういうキーワードを使うべきか悩んでいました。関係発達支援とか社会性の支援というような言葉がすでにありましたが，筆者は，子どもの人権を尊重するという基本的な枠組みに合致する言葉として「参加」を使うべきだと考えました。

幸い，特集を読んでくださった方々から，保育で自分たちが大切にしてきたことが，すっきりと整理できたなどと好意的な感想をいただきました。それに意を強くして，特集では不明確だった点を修正し，実践事例の追加と再検討を行い本書となりました。

実践事例を執筆した相談員は，数年から10年程度の経験者です。それぞれに，幼稚園，保育園，学童クラブ，学校などの巡回相談員として活躍しています。定期的に集って，相談事例を検討し，自治体の幼稚園研修を担ってきています。

本書が出来上がるまでに何度も集って集団的に検討してきました。

おそらく，一人の原稿や発言が他の原稿に影響し，それぞれに自分だけではけっして書くことができない文章を産み出しました。その過程そのものが参加の実現でした。

なお，第9章，第10章は，巡回相談の実際の様子と，心理学的なコンサルテーションとしての理論的な検討事項などについて論考したものですが，これらは，下記の論文をもとに加筆や修正を加えたものになっています。

最後になりましたが，本書が出来上がるまでに多くの方のお力をお借りしました。関係する方々に感謝申し上げます。

文献

浜谷直人　2005　巡回相談はどのように障害児統合保育を支援するか：発達臨床コンサルテーションの支援モデル　発達心理学研究，**16**(3)，300-310.

浜谷直人　2006　小学校通常学級における巡回相談による軽度発達障害児等の教育実践への支援モデル　教育心理学研究，**54**(3)，395-407.

浜谷直人　2006　障害児等のインクルージョン保育を支援する巡回相談　心理科学，**26**(2)，1-10.

浜谷直人　2008　巡回相談　下山晴彦・松澤広和（編）　こころの科学増刊　「実践」心理アセスメント　日本評論社　pp.38-45.

コラム　統合保育の歴史

　今では，多くの保育園や幼稚園で，障がいのある子どもが障がいのない子どもたちと一緒に生活をしています。統合保育とは，このように，一般の保育園や幼稚園で，障がいのある子どもを健常の子ども達と一緒に保育することを言います。

　1970年代の世界的なインテグレーションの流れと，わが国の発達保障論の隆盛の中で，障がいのある子どもを健常の子どもたちと一緒に保育することの重要性が主張されるようになりました。こうした流れの中で，主として，幼稚園で障がいのある子どもを受け入れる試みが始まり，1970年代半ばにはその数が急速に増えていきました。

　一方，行政的な手続きによって入所が許可される保育園では，障がいのある子どもの受け入れは，幼稚園より少し遅れました。その先がけとなったのは，1973年の滋賀県大津市での取り組みです。大津市では，発達保障の理念に基づき，「希望するすべての障がい児の保育園への入園」をめざす大津方式を始めました。こうした流れを受けて，1974年に当時の厚生省が，「保育所における障害児の受け入れ」に関する通知をだし，障害児保育事業実施要綱を策定しました。しかし，この要綱は，受け入れ対象を4歳以上で，障がいの軽い子どもに限定したため多くの異議が唱えられました。その結果，1978年には制度が改められ，中等度の障がいのある子どもにまで受け入れ対象が拡大され，年齢制限が撤廃されました。統合保育の公的制度のはじまりです。このような制度の開始によって，その後，保育園での障がいのある子どもの受け入れ数は飛躍的に増加しました。また，1978年に開始された1歳6ヶ月児健診による障がい児の早期発見体制の整備によって，発達早期からの保育の重要性が強く認識されるようになり，3歳未満児の受け入れが進みました。

　ところで，統合保育の公的な制度の開始にともなって，保育現場では，障がい児をどのように理解し発達を促していくのか，また，周囲の子どもたちと障がいのある子どもたちが共に育つにはどのように保育をすれ

ばよいのかを保育者とともに考え，助言をする専門家が必要とされるようになりました。このような背景のもとに巡回相談が始まりました。巡回相談は，統合保育とともにその歴史を歩んできたといってもよいでしょう。近年，統合保育の現場は変わりつつあります。知的な発達の遅れではなく，発達の偏りが問題となるような発達障がいと呼ばれる子どもたちの増加です。このような保育現場の変化とともに巡回相談員には，さらに幅広く高度な専門性が求められています。　　　　　（芦澤清音）

文献

茂木俊彦　2004　発達保障を学ぶ　全障研出版

柴崎正行　1997　統合保育の歴史　保健の科学，**39**(10)，673-678.

白石恵理子　2001　特集　統合保育　白石恵理子・松原巨子・大津の障害児保育研究会（編著）　障害児の発達と保育　クリエイツかもがわ　pp.3-6.

第1章　困難をかかえた子どもが保育へ参加する

浜谷直人

1 発達障がい・虐待・気になる子など「困難をかかえた子ども」の保育

　現在，園（保育園・幼稚園）や学童保育は，発達障がいをもった子ども，虐待を受けた子ども，気になる子など，発達することに「困難をかかえた子ども」の保育で生じる多彩な問題状況に直面している（浜谷，2004）。

　保育者は，できるだけの努力をふりしぼりながら力をあわせて，この状況が改善するように努力している。その一方で，自分たちだけの力では解決できないと感じるときがある。そういう場合には，外部からの支援を切実に期待している。

　とりわけ，子どもの発達と障がいに関する専門性，すなわち発達臨床を専門とする心理職による巡回相談による支援への期待は大きい。すでに，巡回相談は全国各地で広く実施されている（全障研障害乳幼児施策全国実態調査委員会，2001）。巡回相談には，保育現場からの期待が大きいだけでなく，実際に保育者から高い評価を得てきている（浜谷，2005）。

これまで、巡回相談員は「子どもの発達を実現する」という理念を重視して相談活動を実践してきた。今後、困難をかかえた子どもを保育する現場で、この理念が依然として重要であることに異論はないだろう。
　一方で、当然のことであるが、園では困難をかかえた子どもであっても保育者と一対一で過ごすわけではない。園とは、多数の子どもが共に過ごす、文化的で組織的な活動を行う生活と遊びの場である。したがって、困難をかかえた子どもが、そのような生活・遊び活動に十全に参加することを実現するという視点からも支援することが求められる。そこで、本書では「保育への参加を支援する」という視点を中心にして、巡回相談が困難をかかえた子どもの保育をいかに支援できるのかについて考える。

2　発達の視点から保育を見直す

　巡回相談では、相談員は、保育者からの聞き取り、保育場面の観察、発達検査などの情報を総合して、子どもの発達と保育の状態をアセスメントして保育者に助言する（第9章参照）。とくに、保育者が困難を感じ解決を求めている事項（主訴）に即して助言する。
　相談員は保育者の主訴を尊重しながら相談を行うというのが基本である。しかし、たとえば、保育者が保育の都合を優先して問題状況の解決を考えていると相談員が判断するときがある。そういうときには、保育者の主訴に現れる保育観などを、相談員の専門性に基づいた観点から検討する作業を行う。場合によっては、保育者とは異なる視点から主訴を捉えなおすように保育者に促すことがある。
　分かりやすい単純な例をあげてみる。たとえば、A君（4歳児で

あるとしよう)が頻繁に友達を嚙み付くようになり，保育者の主訴は嚙み付くことをやめさせるにはどうしたらよいかということだとする。アセスメントの結果，A君は，それまで，人に関心がなく，ようやく関心が芽生え，友達とのかかわり方が分からないために嚙み付いていたということが分かる。

このような場合，A君が友達に嚙み付くことを相談員は単純に困った行動とは考えない。つまり，友達とかかわる場面を減らすとか，嚙み付くことを禁止するのではなく，ようやくA君に芽生えた友達への関心が順調に発達するように，嚙み付くという手段ではなく友達と快くかかわることができるような保育の工夫を提案する。このようにして相談員は，A君の発達の観点から保育者の主訴をチェックして保育者に助言する。

このように巡回相談による園への支援を考えるときに，相談員が発達の観点から保育者に助言することが重要であるということに異論はないだろう。従来，巡回相談でもっとも重視してきたことは，このような発達の観点からのアセスメントと助言を行なうことであった。

3 参加の視点から保育を見直す

しかし，一方で，相談員がA君の発達の観点だけで助言する場合，保育者は，相談員からの助言は保育にふさわしくないと感じることがある。A君が友達に嚙み付くことは，嚙み付かれた子どもへ影響するだけでなく，クラスの他の子どもにも影響する。その結果，クラスの活動が壊れたり，友達関係に悪影響が生じることがある。さらには保育者や，ときには，保護者へも影響を与える。そのように

保育全体に影響することを配慮することなく、ただ、A君の社会性の発達が重要なので、友達との関わりをたくさんつくるようにと助言することは非現実的である。

このように考えるならば、巡回相談では、発達や障がいという観点と、保育場面という状況性の両方を考慮してアセスメントし助言することが求められる。

本書では、そういう2つの観点を総合して、困難をかかえた子どもの保育を支援することを「参加」という視点から接近することによって試みる。

参加という言葉は、普段の会話で日常的に使用する。一方、国連の国際障害者年（1981年）の活動では、完全参加と平等が達成されるべき理念であった。また、WHOのICIDHの障害の規定で用いられた社会的不利（ハンディキャップ）は、肯定的な意味をもつ参加という用語に置き換えられて、人間の健康状態を全体的に定義する枠組み（ICF）に変わったことは広く知られている（コラム「ICFにおける参加」参照）。

このように、「参加」という言葉はいろいろな含意をもって使用されるが、本書では、「参加」をまずは、次のように考えることから始めたい。

A君は、友達と関わりたいという意見をもっている。嚙み付かれた子どもは、そのような形（嚙み付く）で関わられることを嫌だという意見をもっている。その意見が平等に尊重されて、保育の場の子どもたちの意見が実現される保育が創られるときに、子どもたちは保育に参加している状態であると考える。子どもたちが楽しく生き生きと遊び生活している保育においては、保育者は日々、いろい

ろな工夫をして，子どもたちが保育に「参加」している状態を創りだしているのではないだろうか。

4　集団と類似の行動をしていることは参加？

保育では「参加」という言葉は，次のように使われることが多い。一人の子ども（例えば，自閉症児）が孤立して一人遊びしていたときに，保育者がその子どもを，皆の遊びへ「参加するように促した」と言う。あるいは，その子どもは，運動会の練習のときにはクラスの遊戯に「参加できなかった」が，当日は「参加することができた」と言う。このように，子どもが集団的な活動を一緒にしている状況になったときに参加という言葉が使われる。

このように「参加」という言葉が使われることに普段はとくに疑問を感じることはない。しかし，このような状況になることは本当に，子どもは保育への「不参加」状態から，「参加」状態に移行したと考えてよいだろうか。

一般的な問いとして言い換えるならば，子どもが，「集団と類似の行動を共にしている」ないしは，「集団と同じ場所にいる，または近接した場所にいる」ようになることが，保育に「参加」していることだと考えることは妥当だろうか。

この問いを深めるために，保育の具体的な状況で考えてみよう。一人の自閉症児を仮に太郎とする。太郎がどのように保育に参加できるのかを検討するために，鬼ごっこ遊び場面を取り上げてみる。その子ども集団がいつも遊ぶ鬼ごっこのルールを標準ルールと呼ぶことにする。そうすると，太郎と他の子ども集団との関係のあり方には，以下のようないくつかのパターンが考えられる。

5　保育への参加状態のパターン

　A：太郎は鬼ごっこの標準ルールが理解できないで、ルールから逸脱したり違反をしたりする。その場合でも太郎が一緒に遊ぶことができるようにルールを部分的に変えたり、保育者や友だちが適宜援助しながら鬼ごっこ遊びをしている。そのとき、太郎を含めた全員が意欲的に楽しむことができる状態にある（鬼ごっこなどでは、年少児や、障がいを持った子どもが一緒に遊ぶことができるように、全体ルールとは別に、その子どもだけに適用される特別なルールが考案されることは良く見られることである）。

　B：太郎が理解して行動できるように標準ルールを変えることができない。そこで、保育補助者が太郎を子ども集団とは別の場所で別の遊びに誘って、2人でしばらく楽しく遊んでいる（よく、個別に対応すると言われる状態である）。

　C：太郎は標準ルールを理解できない状態で、友達に手をつないでもらったりしながら、逃げたり追いかけたりしている。その間、その理由が理解できないで、太郎はせかされたり、押されたりして不快な経験をしている。

　A状態を、太郎が保育に「参加」している状態と考えることに異論はあまりないだろう。保育のあり方を考えるときに検討しなければいけないのは、BとCの状態をどう考えるかである。B状態では太郎が鬼ごっこを皆と共にしていないので、参加状態にあるとは考えないのが一般的な判断であろう。一方、C状態では、太郎は同じ場所で鬼ごっこを共にしているから参加状態であると判断できるかと問われるならば、参加していると判断することに違和感をもつの

ではないだろうか。

　このように考えると，単純に集団と活動をともにしているかどうかという基準だけで参加状態を判断することには無理がある。BとCの状態のどちらが太郎にとって，周囲の子どもにとって望ましいのかという視点を加味しなければ「参加」状態について納得できる判断はできない。

　そこで，B状態は実は以下のような状況だったとしたらどうだろうか。

　B：太郎は鬼ごっこを一緒にしたいという気持ちであることが保育者から皆に伝えられる。皆も太郎と一緒に鬼ごっこをすることを望んでいる。一緒に鬼ごっこするにはどうしたらよいか皆でしばらく話し合った。しかし，太郎も遊ぶことができる特別ルールを考案することができない。今回は，太郎も楽しんで鬼ごっこを一緒にすることはできないので，その間，太郎は皆とは別に補助者と2人で遊ぶことにする。補助者は，太郎に鬼ごっこにも関心を向けるように促しながら別の場所で遊ぶ。その後で，補助者は，太郎と2人で何をして遊んでいたかをクラスの皆に伝えた。

　この場合，鬼ごっこ場面だけを切断してみれば，太郎は，保育に参加している状態とは判断できない。しかし，保育の全体状況を見れば，太郎は保育に参加している状態であった考えることができなくもないだろう。少なくとも，C状態に比べれば参加している状態に近いと解釈できるのではないだろうか。

　このように，「参加」状態であるかどうかは，行動を共にする，場面を共有するという意味での「統合（インテグレーション）」という基準だけで判断することはできない。その場面での太郎の意思や

気持ちなどを考慮することや，その場面の前後の文脈や，太郎と他の子どもの関係のあり方などを考慮して判断する必要がある。

6　インクルージョンとしての参加

「統合」は「分離」と対比される用語であり，近年のノーマライゼーションの動向は障がいをもった人々などが「分離」される社会から「統合」される社会への移行をめざしている。一方，「分離」「統合」と類似しながらも異なる概念として「排除」「インクルージョン」がある。

特別なニーズ教育やわが国の特別支援教育においては，最近は，統合よりもむしろインクルージョンを理念として掲げようという動きが見られる。そこで，以下では，参加をインクルージョンという視点から考えてみる。ただし，統合とは異なるインクルージョンが意味する内容を対比的に明確にするために以下のギデンズ（1999）の主張を借りる。

> 平等をインクルージョン（inclusion），不平等を排除（exclusion）と定義する。もっとも広い意味でのインクルージョンとは，市民権の尊重を意味する。もう少し詳しく言うと，社会の全構成員が形式的にではなく日常生活において保有する，市民としての権利・義務，政治的な権利・義務を尊重することである。

この主張にならい，インクルージョンとは社会の構成員の基本的な人権が平等に尊重されることとする。一部の構成員が分離されて社会の主流から排除されることは，市民権が尊重されない結果の一つである。その意味では，統合はインクルージョンと類似し，分離は排除と類似した現象である。しかし，この主張は，統合されてい

ても基本的な人権が尊重されない状態があること，すなわち，インクルージョンが実現されない状態が生じることを含意している。したがって，統合・分離とインクルージョン・排除は類似しながらも相互に独立する状態であると考える。

保育の場で尊重されるべき子どもの基本的な人権といえば，まず，発達する権利が考えられる。しかし，発達する権利が，保育の状況を考慮しないで個体発達の観点から把握され主張された場合には，保育活動を破壊する恐れがあることはすでに指摘した。そこで，本書では，子どもの意見表明権が平等に尊重されているかどうかが，保育において特定の子ども（主に検討するのは，太郎のような障がいなどをもった子どもである）が権利を尊重されているか・排除されているかを判断する基準になると考えて論を進めることにする。

実際，B状態の方がC状態に比べれば，太郎の意見が表明され尊重されて保育されていると感じるから，参加状態に近いと解釈するのではないだろうか。

以上を小括すれば，「参加」状態は，一つの軸として「統合・分離」によって規定され，もう一つの軸として「インクルージョン・排除」によって規定される。この2つの軸は相互に独立である。これを一般化すれば，理念的には4つの状態を想定することができる。それぞれ，以下のような状態と呼ぶことにする。

A　参加状態…………インクルージョンかつ統合が実現されている状態

B　共存・独立状態…インクルージョンは実現されているが分離されている状態

C　ダンピング状態…インクルージョンが実現されず，統合されて

いる状態
D　隔離・孤立状態…インクルージョンが実現されず，分離されている状態

　D状態の例としては，太郎だけが常に他の子どもと離れた場所で個別に援助を受け，そのことは，全体の保育と一切関係をもたないという状態である。

　これを表1-1に整理して示す。

　保育の状態がAからDの状態のどれに該当するかを分類できるだろうか。おそらく，実際の保育場面を具体的に検討すれば，特定の子どもがD（隔離・孤立）状態にある場合は比較的容易に判断できるだろう。しかし，C（投げ入れ）状態なのかA（参加）状態なのかを区別することは実際には容易ではないだろう。また，B（独立）状態のように見えるが，D状態ともいえる場合も少なくないだろう。

　A参加状態における，個々の子どもたちのあり方と，子どもたち相互の関係のあり方には，おそらく多様なバリエーションがあると思われる。例えば，すぐに思いつくのは，制作場面で子どもたちが話し合いながら協力・共同して作品を作っているような状態（共同）である。一方，一般的に共生的な状態と言われる状態も一種の参加状態だとみなすことができる。お互いの生のあり方が他方に益を与えるようなシンバイオーシスとしての共生や，お互いに響きあう関係で全体がにぎわっているコンビビアルな共生などが考えられる。

　いずれにしても，参加状態においては，一人一人がお互いに異なるということが尊重され，それらの意見が平等に尊重されるという

第1章　困難をかかえた子どもが保育へ参加する

表1-1　保育における子どもの参加状態のパターン

	統合（integration） 子どもが場を共有して共に行動している。子どもはお互いにコミュニケーションして相互に影響しあっている。			分離（segregation） 特定の子どもと多くの子どもが別の場で生活している。
インクルージョン（inclusion） 一人一人の子どもの意見が対等，平等に尊重されて，子どもたちの生活のあり方が決定される。	A　参加（participation）			B　共存・独立（coexistence） 特定の子どもと多くの子どもたちは，別の場で生活することを選択し，それぞれに意欲的に活動している。 お互いに関心をもつと同時に，お互いの活動に肯定的な影響を与える。
	A1　協調・共同（cooperation） すべての子どもが共に生活できるように生活のあり方を創造し，どの子どもも共同的に活動している。	A2　共生		
		(symbiosis) すべての子どもが自然に生活を営み，相互に関心をもち肯定的な影響を与えている。	(conviviality) すべての子どもが自然に生活を営み，相互に同期したりしながらにぎわっている。	
排除（exclusion） 多数の子どもの意見や立場が尊重されて子どもたちの生活のあり方が決定される。特定の子どもの意見は尊重されない。	C　ダンピング（dumping） 特定の子どもは，多くの子どもが選択した活動の場に一緒にいる			D　隔離・孤立（isolation） 特定の子どもと多くの子どもたちは，それぞれ別の場で生活する。お互いに無関心であり，ときには，意図せずに，お互いの活動が相互に害を及ぼす。
	C1　適応・同化（adaptation） 特定のこどもは，多くの子どもたちの活動と同様な活動を強制される。	C2　放置・放任（neglect） 特定の子どもの活動は，多くの子どもから関心をもたれない。	C3　差別（discrimination） 特定の子どもの活動は，多くの子どもから否定的に評価される。	

点で共通する。

　同様に，Cダンピング状態における，個々の子どもたちのあり方と，子どもたち相互のあり方にも多様なバリエーションがある。それらは，マジョリティの子どもを基準として，そこから逸脱する少数の子どもがもつ権利が軽視ないしは無視されるという点で共通する。

　以下，保育の具体的な場面を例にとって，参加状態についていくつかの視点から考察してみる。

7　子どもが意見表明することと保育への参加

　意見表明権が尊重されることは，どの子どもも平等に意見表明して，その意見をもとにして生活のあり方が決められるというようなことであろう。それは実際にはどういう状況であろうか。以下の保育実践記録で考えてみる。

　4歳児クラス後半の保育実践記録（神田，2004）である。少し長いが引用する。

> 朝の会で。
> 「10がつ25にちもくようび」と黒板に確認すると，「せんせい，今日のおさんぽどこにいくの？！」と正子ちゃん。（みんなで決めようと思っていた保母，よくぞ気がついた！！）
> 「そうねえ，みんなどこへ行きたい？」と聞くと，それぞれに大声で候補場所をあげる子どもたち。
> 「おばさまこうえん」（回転遊具がある）
> 「かめのいこうえん」（やまのすべりだいがある）
> 「でっちょいけ」（いけに鯉がいる）
> あげられた3ヶ所のなかから人数の多いところにいこうと考える浅

はかな保母。そう簡単にはきめられないだろうに……。予想通り……
　でっちょ池が三分の二，亀の井公園派が三分の一。
　でっちょ池派が「かめたろう（以前飼っていた亀）に会えるかもしれないよー！」「たんけんもできるし」「どんぐりだってたくさんあるよね」などと亀の井公園派を誘う。2人の保母もでっちょ池派。誘いの言葉に多くの子どもがでっちょ池派に。（ここで決定し出発できると思っていたが……）
　ところが，
　「どうしても亀の井公園がいい！」と言い張るゆうくん，りえちゃん，くるみちゃん。がんとして譲ろうという気配なし。やはりそれには理由があるだろうと，3人の意見を聞くことにした。
　ゆう「やまのうえから，ゆうのいえがみえるから。」
　りえ「このまえたきぎとりにいったとき，あそばなかったからいきたい！」
　くるみ「くーちゃんも，りえちゃんとおなじ。」
　たきぎとりにいった時は，たきぎあつめにいっしょうけんめい。確かにあの山のすべり台もしなかった！　そんな思いが他の子どもたちにも共感できたのでしょう。「そうだね，亀の井公園にいこう！」「デッチョ池はこんどいけばいいもん」
　そんなわけで，みんなが納得して亀の井公園行きを決定。
　そうと決まれば……亀の井公園でどんなあそびをしようかとイメージの広がること―。
　「ダンボールもっていかなきゃあー」
　「かまきりのえさとってこよォー」
　などと，ダンボール，虫かごなどの準備をして，出発―。
　話し合いをすることによって，みんなの意見を変えることができる。そして，自分の要求をみんなといっしょに実現していくことができる。2人の説得が功を奏したのは，「この前たきぎとりに行ったとき，遊

ばなかった」というみんなの体験を呼び起こすことができたからです。

　この保育場面では，どこに散歩に行くかを，子どもが意見を出して，話し合いで決めている。しかも，機械的に子どもの意見を尊重するのではなく，丁寧に子どもの意見を調整して結論を導いている。そういう意味で，子どもの意見表明権を尊重して保育している好例であろう。
　仮に，保育者が結論を出すことを急いで多数決で行き先を決めていたら，でっちょ池に行くという結論になったであろう。その場合でも，子どもの意見表明権が尊重されて保育されたようにみえる。しかし，その場合は，少数派の亀の井公園派の子どもは，仕方ないという気持ちで散歩することになったかもしれない。また，でっちょ池派の子どもも，この話し合いをくぐり抜けた後のような期待感をもって散歩に行くことはできなかったと考えられる。
　そのように機械的な多数決で結論が導かれて保育された場合，その散歩に行っている状態は「ダンピング」状態であるとは言わないにしても，「参加」状態であると言うことができるかどうかはかなり疑問が残る。
　これは，とくに障がいをもった子どもを含んだ集団の話し合いではないが，統合保育では，障がいをもった子どもの意見が少数派として尊重されないことが起こりやすい。とりわけ言語能力が発達していない場合には，話し合いをする以前に，障がいをもった子どもに意見があることが考慮されないことがある。そういう場合は，多数決で保育が決められることが，障がいをもった子どもにとっては「ダンピング」状態を作り出すことになる。

8　参加状態とダンピング状態の違い

　散歩の話し合いは、「このまえたきぎとりにいったとき、あそばなかったからいきたい！」という、りえの発言によって流れが変わった。その発言をきっかけに保育者と子どもの考えや態度に変化が生じている。この変化は何であろうか。

　どこに散歩に行こうかという話し合いは未来のことに関する相談である。実際、子どもたちは、散歩に行って何をしたいとか、何ができるという未来に向けた発言を行なっていた。それに対して、りえの発言は、過去の経験に関して語っているところに特徴がある。

　中島（2002）は、時間の哲学から「私」や「自己」について論じ、「私とは、現在知覚しながら想起しつつあるという場面で、過去の体験を『私は……した』と語るもの」だと言う。

　この「私」論を参考にすれば、りえは、単に意見を述べたのではなく、「私」を話し合いの場に披瀝したと解釈できる。また、発言とは、「自分がだれであるかを示し、そのユニークな人格的アイデンティティを積極的に明らかにし、人間世界にその姿を現わす」ことである（アレント、1994）。そうならば、りえは、この発言によって、現在の自分だけでなく、現在の自分を生み出した過去の自分を含めたりえの人格を皆の前に現わしたことになる。

　りえの発言は他の子どもの発言に比べて、そういう重みがあるので、保育者はこの意見をもとにそれ以降の話し合いを組み立てている。おそらく子どもたちは、他の発言よりも重い意味をもつものとしてりえの発言を受けとめたのではないだろうか。

　福田（2001）は、「子どもの自己決定権を想定して、子どもが意

見表明することは，かえって子どもの主体性をつぶし，子どもの成長発達を困難にする」と言う。たしかに，子どもの話し合いでは，「〜したい」と発言しても，それを尊重することが子どもにとって良いのか迷う。子どもの発言には，りえのような自分の過去を含めた人格の全体を話し合いの場に現わすという重みが感じられないことが少なくない。そのような意見を鵜呑みにして保育を決定することはかえって，子どもの発達に有害になることがある。福田は，重みのない意見表明を尊重することの危うさを指摘しているのだろう。

りえの発言以前は，この話し合いは，過去から切断された断片的な「現在の自分＝意見」が行き交う場であった。それが，りえの発言によって過去とのつながりをもった人格が行き交う場に変わったのではないだろうか。これが，この発言をきっかけにして生じた子どもの考えや態度の変化だと考えられる。

もう一つ，この話し合いには重要な変化があった。りえの発言以前は，それぞれの発言は自分の意見の魅力を主張し，他の意見を排除することを意図していた。意見の共通点を見出すよりも，差異を明確にしようとしていた。それが，りえの発言をきっかけに，それぞれが「前に行ったとき遊ぶことができなかった」という共通体験に考えを寄せ合う関係に変わった。話し合いの場が，競争的な関係から配慮の関係（斎藤，2003）に変わった。

以上のように，この散歩が，子どもにとっても「ダンピング」状態ではなく，「参加」状態と判断できる理由として次のことを指摘できる。

第一は，子どもが自分の過去とのつながりをもつ現在の自分という人格を現わす場で意見が表明された過程を経て結論が導かれたこ

と。言い換えるならば、子どもたちの過去の出来事を含む物語が話し合いの場に生成されたこと。第二は、子どもたちが相互に配慮の関係でつながりながら結論が導かれたこと。この2点である。

9　場面の切り替えと参加状態

　毎日の保育では、子どもの意見表明を尊重することが、この話し合いのように分かりやすくみえることは珍しい。実際には、保育者が一方的に指示しているように見えるときが多い。あるいは、指示さえなく、ただ毎日のルーティーンがこなされているように見える。保育のほとんどの場面では、子どもの意見が尊重されることなく、生活のあり方が決定されているように見える。

　しかし実際は、優れた保育実践を行なう保育者は、子どもたちの過去とのつながりや子ども間の配慮のつながりをつくるようなルーティーンをつくり、指示を行なっているのだろう。外部の者が短時間保育を観察しただけでは、そういうことに気づかない。

　日々の保育において、ダンピング状態を最小にし、参加状態を最大につくっている保育者はどのような実践を行っているのだろうか。この問いへの答えを探るために、「ダンピング」状態になりやすい状況を分析してみる。

　保育現場で、「場面の切り替え」と呼ばれる状況がある。「気になる子」や障がいをもった子どもは、よく場面の切り替えが難しいとか行動の切り替えが難しいといわれる。たとえば、朝の自由遊びをしていて、挨拶のために子どもに集まるように言っても集まらない。あるいは、ごっこ遊びをやめて、片づけして食事の準備をするように保育者が指示をする。そういうときにも、なかなか片付けに気持

ちを向けることができない。気持ちを次の活動に向けることができずに，形だけ他の子どもと同じ行動をしていることになる。特定の子どもにとっては，場面の切り替え時は，ダンピング状態になりやすい。

　切り替え場面で子どもは"自由遊び→片付け→食事"という順序で行動することが期待される。

　このとき，保育者は子どもに，「給食にするから，玩具を片付けましょう」と指示して，次の食事場面のために片付けを促す。つまり，保育者は子どもの気持ちを給食に向け，未来への見通し"自由遊び→食事""食事のために片付けする"をもつことを求める。

　これは，保育の計画に基づく行動の順序である。切り替えが円滑にできないときに，いかに子どもの気持ちを保育の予定に向けさせるかが話題になる。次の場面への目的意識に基づいた見通しをもつことができれば，切り替えが円滑になるという考えは保育現場で広く見られる。しかし，子どもが保育の予定や計画に合わせて目的意識をもつように促すことができても，子どもは仕方なく切り替えているために，ダンピング状態になるということがありうる。

　そこで，子どもの気持ちの動きを考えてみる。子どもがごっこ遊びに楽しく熱中しているとき，ごっこ遊びを止めるように指示される。子どもはもっと遊んでいたいと思う。そのとき，どのように気持ちを整理して，いったん遊びに終止符を入れることができるのだろうか。これからの見通しをもつことよりも，むしろ，これまでの遊びに充実感や達成感を感じることがそれを可能にするのではないだろうか。

　充実感や達成感は，現在の地点からこれまでの過去を振り返るこ

とによって生まれる。直近の過去は，今まで遊んでいたことである。子どもは，発達とともに直近の過去を越えて，今日，その前日と，同じ遊びをした遠い過去へも考えをめぐらせることができるようになる。そして「昨日の遊びよりもこんなにできた」と，今日の遊びを充実感と達成感をもって振り返り，気持ちの区切りを入れることができるようになる。そういう区切りができると，「明日はこんな遊びをしたい」という期待感をもつようになる。この期待感は，保育者が指示する給食への見通しとは異なる。そういう期待感をもつことによって，今の遊びを，過去から未来へつづき，その中で発展していく創造的な大きな遊びの中に位置づけることができる。そうして子どもは，主体的に「切り替える」ことができるのではないだろうか。したがって子どもの気持ちの動きの順序は（今日の遊び→昨日の遊び（振り返り）→今日の遊び（達成・満足感）→明日の遊び（期待感））になる。これを整理すれば，図1-1のようになる。

　参加状態とはこのように子どもが主体的に行動を切り替えることを含意するものとして考えなければいけないだろう。

　子どもは最初から独力で気持ちに区切りを入れることができるわけではない。保育者が子どもの遊びに共感し，言葉かけすることによって区切りが入り，期待感を作り出す。保育者の行動を注意深く観察すると，保育者は単にそのときの子どもの遊びを見ているだけではないことがわかる。子どもの現在を見ながら，同時に，子どもが昨日までどのように遊びを発展させ，どんな楽しみを見出し，どんなことに挑戦してきたかという過去を丁寧に感じ理解している。それをタイミングよく子どもに伝えている。子どもは自分の過去から現在までが保育者に理解されているという安心感に支えられて，

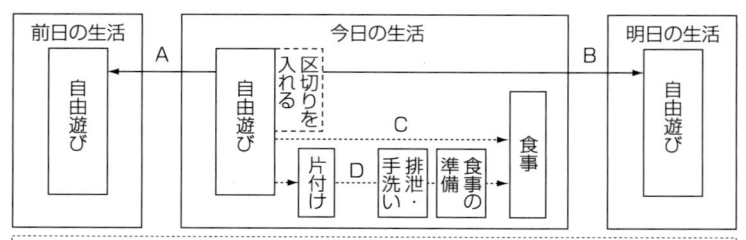

```
┌─────────┐ ┌──────────────今日の生活──────────────┐ ┌─────────┐
│前日の生活│ │        ┌区┐                        │ │明日の生活│
│         │A│        │切│         C                │B│         │
│ 自由遊び │←│ 自由遊び│りを├──────────────→食事   │→│ 自由遊び │
│         │ │        │入│  ┌片┐D┌排手┐┌食事の┐    │ │         │
│         │ │        │れ│  │付│ │泄洗│ │準備 │    │ │         │
│         │ │        │る│  │け│ │ い│ │     │    │ │         │
└─────────┘ └────────────────────────────────────┘ └─────────┘
```

A：現在から，昨日の遊びを振り返り，今日の遊びは楽しかったと区切りをいれ，充実感と達成感を感じる
B：明日は，もっとこんな遊びがしたいと期待感をもつ
C：大人が子どもに促す生活の見通し
D：子どもの行動の順序

図1-1　場面の切り替え

いつか，遊びの続きができることを確信して，いったん遊びを止めることができる。

10　参加状態を作り出す保育の構想と子ども集団の力

場面の切り替えは，その状況だけを切断してみれば，「切り替えが悪い」という子ども側だけの問題として捉えられてしまう。巡回相談員のような部外者には，そのように見えることが多い。

しかし，ある一瞬の「切り替えが悪い」という行動は，その前後の時間的な広がりの中に位置づいている。子どもが主体的に切り替える状況をつくるという視点，すなわち，参加状態を作り出すという視点に立つと，時間の広がりや子どもたちの人間関係の中で現象を整理してはじめて理解できることが分かる。

保育者は，その場その場の状況だけを考えるのではなく，長期的に保育を構想し，同時に，子ども一人一人の状態を的確に把握する。そのようにしてはじめて，どの子どもも保育に参加できる状態が創

られる。

　一方，保育は保育者の構想したとおりに展開するわけでもない。思いがけない子どもの力に助けられながら保育が展開していくことがある。

　次の実践（国沢，2006）は，継続的な保育の構想と，思いがけない子どもの力によって，参加状態が創られていった例である。

　この年長クラスの実践では，I君という，4月当初，一人あそびが多く，友だちとのコミュニケーションができなかった男児の保育への参加をめぐる状況が描かれている。

　少し長くなるが，実践を引用する。

　　5歳児には毎年，母の日の取り組みをしてきた。4歳児までの子どもたちは「すみれ組になったら……」というあこがれを持って育っている。

　　母の日が近づき，憧れてきたすみれ組がしてきた喜びもあり，プレゼントを作ることになった。

　　「母の日まで内緒にしてプレゼントしたら，お母さんはびっくりするかな？うんと喜ぶんじゃないかな？でも内緒はとても難しいよね？ばら組きく組にはできんけど，すみれ組のみんななら できるかな？」と投げかけると，「やりたい！」「できる！」とやる気になった。内緒にすることで，子どもたちは一層ワクワクしながら母の日を待つようになった。

　　まず，母の顔を紙粘土で作ることになり，母の顔を触ってくる宿題を出した。宿題という言葉も子どもたちをワクワクさせた。「難しそうだけどやってみたい。1年生みたいや」と喜んだ。大好きな母親との触れ合いが嬉しく，次の日の朝からいきいきと報告する子どもたちだった。「お母さんのお顔はスベスベやった」「ツルツルやった」「ほくろもあった」

三日後，全員が宿題をしてきた日に紙粘土で顔を作った。

　次にハンカチの絞り染めをすることになった。今度は母親の好きな色に染めようということになり母親に聞いてくる宿題を出した。4月当初は，自分の好きな色に染めていた。今度は母親の好きな色に染めようということになり，好きな色を聞いてくるという宿題を出した。絞りの過程で「お母さん喜ぶかな？」「どんな顔するかな？」「どきどきするねぇ」と話していた。つぎつぎと聞いてくる子どもたち。でも，I君だけはなかなか聞いてこなかった。

　とうとう，明日までに聞いて染めないと間に合わないという日になった。そのことを話すと子どもたちの顔色がかわり，「I君，聞いてきて！お願い！」と頼み込んでいた。I君はみんなの迫り方に驚いたようだった。今まで一度もクラスの仲間の注目をあびたことなどなかったのに，突然，全員が彼に注目し，懇願されたことに驚いていた。

　私は，その夜，I君が聞いたかどうか確認するために家に電話した。母親は，迎えの車に乗った途端に聞いたとのこと。

　翌朝，保育室の入り口に，5，6人の子どもが集まり，I君の登所を待っていた。I君が来るなり，「聞いてきたか？」「何色？」と迫る子どもたち。I君は小さな声で「オレンジ」と答えた。それを聞いたYは突然，I君に抱きつき「よう聞いてきた！おめでとう！」と言い，周りの子どもたちは「やったぁ！！」と大喜びした。

　今まで頷くだけだったI君の声を聞いたのは，このときがはじめてだった。I君自身は啞然としていた。子どもたちがI君を入り口で待ち伏せするとは予想しなかった。これも子どもの力。

　年少児が，年長になったら自分たちもあんなふうにできるかなと不安と期待をもって憧れている姿は，どこの園の保育でも見られた光景であった。しかし，昨今は，それはどの園でも自然に見られる

光景ではなくなってきている。

　年少児と年長児が交流し，その中で，年長児ならではの「かっこよい」「素敵な」姿を年少児に見せることによってはじめて，憧れをもつようになる。その前提として年少児が憧れるまでに，年長児は育っていなければいけない。それは，保育の構想にもとづいた長期的な保育実践の蓄積によってはじめて実現される。この保育実践の背後には，そういう構想と蓄積があるはずである。

　子どもたちは，自分が年長児になったことに誇りを感じている。「内緒にする」という，ちょっと難しいけどわくわくすることに，背伸びしながら挑戦しようとして「できるできる」と答えている。そこには，子どもたちの集団的な気持ちの共鳴による一体感のようなものが感じられる。そこまでは，保育者の構想どおりであろう。

　ただ，Ｉ君だけは，子どもたちの昂揚する気持ちの輪の中に入ることができない。保育者は，Ｉ君の気持ちを大事にしたいと思いながらも，Ｉ君も，この一体感の中で喜びを感じて生き生きと活動できるようになって欲しいと考えていたのだろう。だからといって保育者の思いで，Ｉ君を促したり強制したりすれば，Ｉ君の気持ちはかえって萎えてしまうかもしれない。だから保育者は，しばらく見守っていたのだろう。

　ところが，明日までに母親の好きな色を聞いてこないと間に合わなくなることを知ったときに，子どもたちがＩ君に懇願するように頼み込みはじめた。これも子どもたちの期待感を作り出した保育の構想と蓄積がなせるわざであろう。

　しかし，子どもたちの切実な様子や，翌日の朝に子どもたちが玄関でＩ君を待ち受けて「聞いてきた？何色だった？」とＩ君に迫る

姿は保育者の予想を超えるものであった。保育者は，この子どもの予想外の行動に驚くと同時に，嬉しいと感じたのではないだろうか。

　Ⅰ君は，4月からこのときまで，クラスの一員であった。しかし，実際には，クラスの活動に参加しているとはいえないような状況だった。この実践のエピソードは，Ⅰ君がクラスの活動に参加できるようになる契機であるように見える。それを可能にしたのは，長期的な展望に立った保育の構想を基盤にして生じた子どもたちの予想外の動き，つまり，子どもの力であった。子ども集団とはそういう潜在的な力をもっていることを，この実践は教えてくれる。

11　ケアの暴力性と参加

　Ⅰ君は，担任がとくに配慮を必要だと感じている子どもであり，集団的な活動場面に参加することが難しかったと思われる。このエピソードには，そういうⅠ君が，子どもたちが共同してハンカチの絞り染めする活動に参加するようになった過程が描かれている。

　子どもたちはⅠ君に，「お母さんに聞いてきて欲しい」と懇願している。しかし，それはⅠ君の気持ちを無視して強制する行動にはなっていない。つまり，自分たちの思いが多数派なので正しいと考えて，それにⅠ君が合わせるべきだとは思っていないことが読み取れる。子どもたちは，Ⅰ君を含めて子ども一人一人は対等な関係にあり，Ⅰ君の気持ちを丁寧に尊重しようとしている。このときの保育の状態は，Ⅰ君にとってダンピング状態ではなく，参加状態であろうと感じるのは，そのためだろう。

　一方，私たちは，Ⅰ君のように特別に配慮が必要な子どもが，多数派の子どもと同じ行動をするように強制される場面をしばしば見

かける。一見，やさしく参加を促しているような場面にも，強制が潜んでいることがある。

　たとえば，ダウン症の子どもは，着替えなどの日常動作に時間がかかり，歩行でも皆から遅れがちになるために，様々な場面で頻繁に他者に介助されて育てられる。保育士に身体を持ち上げられて移動させられることが多い。それを見ているクラスの子どももまた，小さな保育士になって，一生懸命に抱きかかえて世話をしている姿をよく目にする。このような光景は，一見，健気でうるわしいが，世話をされている子どもにとっては迷惑であることに意外に気が付かない。

　先の図1-1（場面の切り替え）を，もう一度参照して考えてみよう。中央の今日の遊びに注目する。他の子どもたちは，充分に遊びこんで満足しているとする。そのときに，ダウン症の子どもに注目すると，その場に遅れて到着しているので，ようやく遊びたい気持ちになったばかりである。それなのに，「もう，おしまい」「お片づけ」と言われて強制的に遊びを中断させられて別の場面に移動させられることになる。これでは気持ちに「区切り」を入れることができない。小さな保育士の理不尽な「介助」に必死に抵抗するが，しばしば，それはダダコネしていると誤解されて，だれも真剣には相手にしてくれない。

　川本（2006）は，老人の介護や病人の看護を含めて，「ケアする人とケアされる人との関係」において，ケアする人による，ケアされる人への強制的干渉という暴力の危険性がつねに潜んでいると指摘している。保育という営みの中にも，暴力の可能性が常に潜んでいるが，なかなか，それを自覚できないのではないだろうか。

はたして，小さな保育士（ユイちゃん）にも，そのような暴力性が潜むのだろうか。ユイちゃんの様子を丁寧に観察してみる。ユイちゃんは，友だちと楽しく遊んでいるときには，ダウン症の子が困っていても，気づこうともしない。そのユイちゃんが，介助するのは，たとえば，自分が友達の遊びにうまく入れないときや，友達の遊びからはずれてしまったときである。つまり，ユイちゃんは，自分が集団から排除されてしまい，自分の居場所や役割を探してダウン症の子に接近している。だから，ダウン症の子どものことを配慮して介助しているというよりは，自分の寂しく不安定な気持ちを満たすために介助しているのである。

　ユイちゃんの「介助」は，ダウン症の子どもの気持ちを汲み取りそれを尊重し，ダウン症の子どもがより自由になれるようにしている行為ではない。むしろ，その気持ちを無視し，自分の都合に合わせようと支配しようとしているようにみえる。つまり，お互いに平等な関係になるのではなく，支配-服従関係を作り，自分が支配する関係に立とうとしている。

　クラスの他の子どもとの関係では，ユイちゃんは，自分の気持ちを尊重されず，服従的な立場に置かれることがある。それが反転して，ダウン症の子どもに支配的な関係として向かい合っている。

　一方，ダウン症の子どもにすがすがしく介助をする子ども（マヤちゃん）を見かけることも珍しくない。マヤちゃんは，友だちと元気一杯に遊んでいることが多い。遊びがちょっと中断したときなどに，ダウン症の子どもが困っていると，さりげなく近づいて，ほんの少しだけ介助して，「もう自分でできるよね」と小さな声で確認して，また，集団の遊びに戻っていく。ダウン症の子どもの気持ち

を大切に尊重しているのが分かる。

　ユイちゃんは，しばしば，自分が介助していることを，周囲に見せようとする。とくに，保育者の前で介助して，自分が褒められることを期待することがある。一方，マヤちゃんは，介助していることを誰かに気づかれることや，見せることなど考えていない。

　マヤちゃんは，他の子どもたちと対等な関係を結びながら遊んだり生活している。自分の意思を表現し，相手の気持ちを理解しようとし，食い違いがあるときには調整している。一方，ユイちゃんは，自分の意思を押し隠したり，反対に，強引に自分の要求を通そうとすることが目立つ。なんとか仲間に入れてもらうために，他の子どもに対して服従的な関係になっていることが多い。2人のその違いが，ダウン症の子どもとの関係に，そのまま反映している。

12　参加と物語

　脳性まひの子どもも移動や日常生活動作に困難を伴うために，ダウン症の子どもと同じように，気持ちが尊重されないで不当な介助を受けやすい。保育園の脳性まひの年中児（シン君）の巡回相談に行ったときのことである。予想に反して，シン君もクラスの子どもとてもさわやかな子どもで，生き生きと遊ぶ姿が印象的だった。

　シン君の家族は，シン君が自分でできることは自分でやりとげるまで，根気よく見守りながら育てているとのことだった。家族がシン君に関わる様子を参考にしながら，園でも必要な介助はするが，自分でできそうなことには挑戦させて見守るということを大事にして保育していた。

　クラスで，いろいろな取り組みをされていたのだが，とくに印象

に残ったことがあった。

　シン君は，皆が移動していった後にようやく最後に到着するということになりやすい。つまり，いつも友だちの後ろを追いかけることになる。そこで，保育者は，一日，一度だけは，シン君が何をするかを友だちに提案し，シン君が最初に始めるという場面を作ることにした。そういう実践を継続してきた。クラスの子どもたちのさわやかな印象の背景には，そういう実践が生み出す友だち関係があるのだろうと感じた。

　例えば，友だちが「……ごっこしよう」と何人かに誘い，シン君も仲間に入って遊んだとする。友だちが，「あっちで遊ぼうぜ」と言って，別の遊びになる。シン君はそれについていく。この間，シン君は皆と一緒に遊んでいるとして，こういう状況が続いたときにシン君は参加していたということが妥当なのだろうか。

　皆と一緒にいた，皆と似た行動をした，皆が期待する行動をしたからといって，シン君が参加していると判断できるか疑問が残る。それは，ダンピング状態，つまり，多数の子どもに合わせて，自分の意見を十分に主張していない可能性が残るからである。参加状態であるからには，他の構成メンバーと平等に，主体としてのシン君の意見が表明され，尊重されて，その場の活動のあり方が決定され運営されていくことが必須の条件である。

　シン君が，「……やろうぜ」と提案（遊びの創始）し，「面白かったな」と遊びを振り返りつつ終了を宣言するというような，その場の活動の時間に「区切り」をいれることこそが，「参加」している状態である。

　同様に，保育場面で，保育者が設定した時間の区切りに合わせて

動くことができるとしても,それだけでは「参加」しているわけではない。自ら,時間を区切ることができてはじめて「参加」しているということができる。

多数の子どもの動きにあわせているときには,シン君の心では,そこで生じた出来事の間のつながりは希薄で,出来事が断片的に出現しているだけである。ところが,自ら創始し,終了を宣言し,その活動を振り返ったときに,出来事の間に意味あるつながりが生まれる。それが物語である。

参加状態とは,そこに居た,どの子どもも,活動の創始や終了に関与し,活動を振り返るような状態である。シン君の保育実践は,そういう意味をもっていた。

13　背中に目がある保育者

1歳児クラスに継続的に入れていただき,保育者と一緒に保育実践の検討会を持っていたことがある。

午前の保育の様子を記録したビデオを見ながら,一人一人の子どもの状況と保育について検討する保育カンファレンスのときに,川島先生(中堅の保育者)が次のように言った。

「あのあと,シナちゃんが,人形(赤ちゃん役に見立てている)をタックンに渡そうとしてたでしょ。タックンにお父さん役をやってもらいたかったのよね,シナちゃんは」

園長はじめ,その場にいた保育者はなにごともないように話を進めていたが,その言葉は,私には驚きであった。

「たしかに,シナちゃんはタックンに,そうしていた」「でも,そのとき,先生は電話があって事務室に行っていた。その場面を見て

いなかったのに，どうして分かるのか」そう，思わず，心でつぶやいていた。

　この園の保育者は，自分がその目で実際に見ていない子どもの様子が見えるらしい，そのことが分かるまでに，しばらく時間が必要であった。

　給食のときのことである。子どもどうしの関係，箸の使い方，食欲・食べるスピードなど，いくつかの要因を考慮して4つのテーブルに子どもは分けられていた。まだ食の細いミナちゃんが，楽しく食べることができたらという思いで，川島先生はミナちゃんのいるテーブルにほとんどつきっきりで，楽しい雰囲気作りをしていた。

　先生の背中のテーブルでは，ユイちゃんとマミちゃんがいた。カンファレンスのときに，「なかなか，自分から食べようとしなかったでしょ，ユイちゃん。でも，マミちゃんが食べてるから，自分から手を出したのよね。はじめてよね，誰にも言われないで食べたの。マミちゃんがあこがれだからね，このごろ，ユイちゃんは」そう，川島先生が言った。

　この様子もまた，先生は実際には見ていなかった。それにもかかわらず，まるで見ていたかのように語るのであった。苦手な生野菜に，マミちゃんへの憧れの気持ちをバネにして挑戦できるまでに，ユイちゃんが成長してきたことを以前から実感していて，それをもとに先生は保育を組み立てていた。

14　子どもの気持ちがわかるので自然に保育が組み立てられる

　一日の保育が終わりを迎え，室内の玩具を片付けながら，川島先

生は明日の準備をしながら淡々と説明してくれたことがあった。

「タックンは,一人でイメージが次々にひろがって楽しく遊んでいるでしょ。マミちゃんもわりと,そうなのよね。別々に遊んでいるけど,お互いにちょっと気になっているところがあるのよ」

「ユイちゃんは,もう不安な感じはなくなってきたでしょ。でも,自分じゃ,まだ,遊べない。タックンやマミちゃんのようすを見ながら,真似たり,入れてほしそうにしている。シナちゃんと遊んでいるけど,2人とも,マミちゃんたちの遊びに入りたいのよ」

「調理台(ままごと道具)を,シナちゃんとユイちゃんが最初に来るところに移しておいたの。しばらく私がそこで,シナちゃんたちといたいなと思って。そしたら,マミちゃんたちも,いっしょに遊ぶと思うの」

このように,今日までの子どもの様子を振り返りながら,明日の子どもたちの動きを想像し,明日からの保育を構想して玩具の配置などを準備していた。

次の日,川島先生がだいたい考えていた通りに,先生とシナちゃんとユイちゃんがままごとをしているところに,マミちゃんが「イレテ」と言ってきた。先生がいる安心感から,数人のままごと遊びが続くことになった。

そこに,ときどき,お客さんのようにタックンが入ってくる様子が見られた。

その日にいたるまで,だれがどんな遊びをしてきて,明日は,どんなふうに遊びたいのだろうということが,先生には自然に把握できるようであった。その流れを大事にしながら,もうそろそろ,……ちゃんにはこんなことができるようになって欲しい,……ちゃ

んがこうなったらうれしいな、という思いを重ねて、保育を創っている。

もちろん、朝のお迎えの子どもの様子などで、臨機応変に先生は対応するのだが、だいたいは、前日に先生が思い描いたとおりに子どもたちが動くのを目の当たりにしたとき、これが保育のプロということなのかと感心した。

15　保育者の心の中でいつも子どもが話し合いをしている

もちろん、川島先生の背中に目があるわけではない。しかし、そうではないかと思われたのは、先生の心の中では、視野にない子どもが動いていて、それが心の目にははっきりと見えている、そういうことなのだろう。

子どもたちの動きの背後には、かならず、気持ちがある。川島先生は、クラス全員の子どもの気持ちの流れを絶えず把握している。その子どもの気持ちを、本書では、子どもの「意見」であると考えることにする。つまり、子どもが自らの言葉で発言しなくても、保育者の心の中に気持ちが立ち現れているならば、それは子どもの意見だと考える。

本書では、言語的に表明された意見による「参加」や、平等を実現する目に見える制度としての「参加」のあり方を考察するのではない。むしろ、保育者が子どもを育てるときに、その心の中で、一人一人の意見が尊重される、そういう保育のあり方としての「参加」を考えることが狙いである。保育者の心の中が、子どもたちの意見が行き交うフォーラムになっている、その在り様を考察する。

16　専門職が保育を支援する視点としての「参加」

　巡回相談員が，障がいをもった子どもが保育に参加することを支援するという視点から，「参加」状態をどのように考えるかについて若干の考察を行った。「参加」状態の全体像を把握するには，今後に残された課題が多いが，本書では，以上に示した視点を考慮しながら巡回相談事例を提示して検討することにする。

　相談事例を提示する前に，重要な視点を整理した上で若干補足を加え，事例を読み解く手がかりとしたい。

　①　障がいをもった子どもが単に「活動を共にしている」，「場面を共にしている」ということによっては保育へ参加している状態ということができない。

　②　子どもの意見表明が尊重されて保育のあり方が決められているかという視点が，参加にとっては重要である。

　③　障がいをもった子どもは自ら言語的に意見表明できるとは限らないし，たとえ，言語表明したとしても，それが，人格をあらわす意見であるとは限らないので，保育者が障がいをもった子どもの意見を汲み取り，代弁することが重要である。

　④　障がいをもった子どもの意見は，単に現在の気持ちのレベルで把握されるべきではなく，それまでの過去とのつながりを考慮することが必要である。

　⑤　障がいをもった子どもが統合の名のもとにダンピングされている状態にならないように支援することが重要であるとともに，加配の保育者が状況に応じて障がいをもった子どもと別な場面で個別の対応をすることは，分離状態であっても，インクルージョンとい

う意味においては参加状態に近いと考えるべきである。

⑥ 活動の中で生じる出来事が，どの子どもにとっても物語になることが，参加である。

文献

アレント，H. 1994 人間の条件 ちくま学芸文庫

福田雅章 2001 あらためて子どもの権利の本質を問う：「川崎市子どもの権利条例」は，子どもの権利の本質を踏まえているか 教育，**668**(9月号)，76-86.

ギデンズ，A. 佐和隆光（訳） 1999 第三の道：効率と公正の新たな同盟 日本経済新聞社

浜谷直人 2004 困難をかかえた子どもを育てる：子どもの発達の支援と保育のあり方 新読書社

浜谷直人 2005 巡回相談はどのように障害児統合保育を支援するか：発達臨床コンサルテーションの支援モデル 発達心理学研究，**16**(3)，300-310.

神田英雄 2004 3歳から6歳：保育・子育てと発達研究をむすぶ「幼児編」 ちいさいなかま社

川本隆史 2006 正義とケアの統合 東京大学大学院教育学研究科研究紀要，**32**，71-80.

国沢マキ 2006 響き合う集団のなかで育つ子どもたち 全国保育問題研究協議会（編） 人と生きる力を育てる 2部7章 新読書社 pp.153-166.

中島義道 2002 「私」の秘密：哲学的自我論への誘い 講談社選書メチエ

斎藤純一 2003 親密圏と安全性の政治 斎藤純一（編） 親密圏のポリティクス 第9章 ナカニシヤ出版

全障研障害乳幼児施策全国実態調査委員会 2001 自治体における障害乳幼児対策の実態 障害者問題研究，**29**(2)，96-123.

コラム　ICFにおける参加

　ICFとは国際生活機能分類：国際障害分類改定版（International Classification of Functioning, Disability and Health）の略称です。WHO（世界保健機関）は1980年に国際疾病分類（ICD）を作成し，その補助として国際障害分類（ICIDH）を発表しました。そして2001年，ICIDHの改定版として発表されたのがICFです。

　ICFの目的は，健康領域（見ること，聞くこと，歩行，学習，記憶）と健康関連領域（交通，教育，社会的相互関係）を記述する共通言語を作ることにありました。人間の「生活機能」を「心身機能・身体構造」，「活動」，「参加」の3次元に分類して，健康領域との関連を考える枠組みを作ったといえます。この生活機能の3次元は「健康状態」と背景因子と呼ばれる「環境因子」と「個人因子」の影響を受け，それらの相互作用の中で規定されます。これら構成要素間の相互作用を図式化したものが図C-1です。ICFでは「活動」と「参加」という概念を重要な部分に位置づけています。両者の区別はまだ曖昧な部分もありますが，「活動とは課題や行為の個人による遂行のことであり，参加とは生活・人生場面への関わりのことである」（世界保健機関，2002）とされています。本書における「参加」とは幾分異なっていて，生活や人生に関わる広い意味合いで使われるといえます。

　また，WHOは児童青年期（18歳未満）を対象とした，ICF-CY（Children and Youth）を2007年に公表しており，2008年現在，日本語版の翻訳作業が進められています。ICF-CYでは子どもの重要な活動・参加である「遊び」に関わる項目がいくつか追加されているなど，子どもの生活について記述しやすくなっています。

　ICFでは，障がいを個人の問題としてだけ捉えるのではなく，環境整備のあり方や程度によって活動制限や参加制約が起こるとされます。個人が生活の中でどのような具体的な活動や参加をしているのか（していきたいのか）を把握し，それらを広げていける環境を整えることが必要

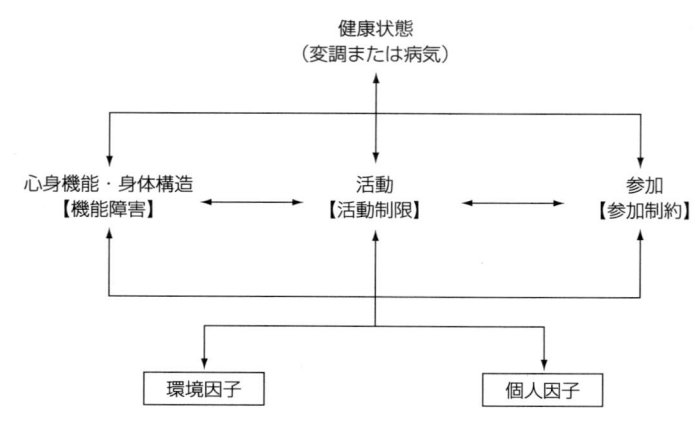

```
                健康状態
             （変調または病気）
                  │
     ┌────────────┼────────────┐
     ↓            ↓            ↓
心身機能・身体構造  活動         参加
  【機能障害】  ←→【活動制限】←→【参加制約】
     │            │            │
     └────────────┼────────────┘
            ┌─────┴─────┐
            ↓           ↓
         環境因子      個人因子
```

図C-1　ICFの構成要素間の相互作用
出所：世界保健機関，2002，p. 17.（筆者一部改変）

となります。

　巡回相談に行くと様々な子どもに出会います。対象となっている子どもの活動や参加が制限されている場面を見ることは珍しくありません。しかし，かならずしも障がいがあるからといって活動や参加が制限されるとは限らないのです。

　言語表出に遅れのあるBくんは，サッカーに入りたくともお友だちに「いれて」と言えずに一緒に遊ぶことができませんでした。ある日，保育者が「B君もサッカーに入れてほしいって」とB君の気持ちを代弁して伝えました。するとB君は嬉しそうに他の子と一緒にサッカーで遊ぶことができました。

　B君は，「心身機能・身体構造」に言語表出の困難さをもっており，自分の気持ちや，入れてほしいといったコミュニケーションの「活動」が取れないために，サッカーへの「参加」に制約を受けていました。しかし，先生がBくんの言葉の代弁をすることで制限されていた「活動」が保障され，サッカーへの「参加」が実現されたといえます。

このように子どもの持つ困難さがどのようなレベルであるのかをしっかりと把握することが必要です。障がいや発達の遅れの有無だけでなく，活動と参加という視点からも子どもと環境（保育）を見ていくことが重要です。巡回相談では，子どもと保育場面のアセスメントを通して保育者とともに，子どもの参加の実現を考えていく必要があるのです。

(飯野雄大)

文献

国立特別支援教育総合研究所・世界保健機関（編著）　2005　ICF（国際生活機能分類）活用の試み：障害のある子どもの支援を中心に　ジアース教育新社

茂木俊彦　2003　障害は個性か　大月書店

茂木俊彦　2007　障害児教育を考える　岩波新書

世界保健機関（著）　障害者福祉研究会（編）　2002　ICF国際生活機能分類：国際障害分類改定版　中央法規出版

巡回相談事例を読むにあたって

　2章から8章までが，実際の巡回相談の事例になっています。
　事例の最初の概要にあたる部分を読んでいただければ，どのような相談なのか，おおよそわかっていただけると思います。その相談主訴，アセスメントや助言の内容と，その後の保育の展開から，事例の特徴がわかります。また，各章の冒頭では，その事例が，困難をかかえた子どもの保育実践現場でよく話題になる現象の中で，どう位置づくかについても言及するようにしてあります。
　巡回相談を，どのような手続きや手順で進めるのかについては，事例の中では省略してあります。それについては，9章を読んでいただければわかります。1回の巡回相談の手順は9章に示したとおりです。つまり，相談依頼を受けて，事前に依頼書を見て，園で観察・検査・聞き取りなどからアセスメントし，カンファレンスで，保育者と共同してアセスメントを練り上げて，保育の方針などについて話し合います。
　事例を執筆するに当たり，相談員は，何度か園を訪問して保育者にインタビューしたり，観察したりしています。したがって，事例では，巡回相談の当日に関する記述以上に，その前後の保育実践や保育者とのやりとりに関する記述が多くなっています。
　言うまでもないことですが，保育は保育者がつくっていくものです。私たち巡回相談員は，そのお手伝いをする役割です。相談が，どのような経過をたどって保育に活かされたかを知るには，保育者にインタビューして，保育経過を記述する必要がありました。その

ため，巡回相談事例としていますが，実際には，保育の事例と言っても良いような内容になっています。

　以下の事例の章では，子どもの名前，保育者の名前などは，全て仮名です。また，事例は実際の相談がもとになっていますが，相談の本質は変化しないようにしながら細部は適宜変更してあるところがあります。

第2章 「問題行動」を挑発する子どもへの
　　　　気づきから楽しい活動をつくった保育

　　　　　　　　　　　　　　　　　　　　　　　　　　宇野敦子

　「製作中に突然一人で奇声をあげる」「歌の練習中に他の歌を歌い出す」などの行動は，一般に「問題行動」と呼ばれる。これらの「問題行動」は，活動を理解することができない，1つの活動に注意を向け続けることができないといったように，その子どもが抱えている発達の遅れや障がいという観点から理解されることが多い。しかし，これらの「問題行動」を丁寧に観察すると，「その子の耳元でその子が嫌がることを言って挑発する子がいる」「その子に同調して一緒に歌いだす子がいる」といったように，他の子どもとの関係で，そういう行動が出現していることがある。

　このような場合，巡回相談では，対象児の発達の遅れや障がいという観点に加えて，保育場面という状況性を考慮してアセスメントし助言することが求められる。「問題行動」を起こしている対象児だけに焦点を当てるのではなく，挑発する子，同調する子などクラスの他の子どもが保育場面でどのような状態なのかを含めて理解することが求められる。

　この章の巡回相談では，保育者が「問題行動」を対象児だけの問題としてではなく，クラス全体の子どもの思いが表れたものとして

受けとめることができた。その結果，一人一人が活き活きと遊び，生活できるように計画・配慮する保育が作られ，対象児が落ち着きを取り戻すことができた年長クラスの事例を紹介する。

1　転入園から巡回相談までのナナミの様子

ナナミは，転居に伴い，年長に進級すると同時に転入園してきた。入園面接での母親の話によると，年少のときに幼稚園で行動を制止されるたびにパニックになり，「バカ」「死ね」などの発言を繰り返していた。担任の勧めで，専門機関を受診して，「広汎性発達障害」と診断を受けた。人と関わることは好きで，自分から積極的に働きかけをするが，コミュニケーションが一方的になるなど，その場の状況や相手の意図を読んで行動することが苦手といった発達的な特徴があった。

おとなしかった入園面接

入園面接でのナナミは，質問されたことに対してきちんと受け答えをした。母親と園長先生との話が終わるまでの間，他の子と一緒におとなしく遊んで待っていた。幼稚園側は心配を感じることがなかったので，特別な人的配慮や手立てはせず，保育を行っていく中で適宜対応は考えていくという方針であった。

年長クラスは2クラスで，ナナミはすみれ組になった。すみれ組は男児14名，女児12名に対して，担任教諭1名と学年フリーの補助教諭1名がついた。学年フリーの補助教諭は，クラス全体の保育へのサポートを行うために配置した。

ナナミに翻弄された1学期

 始業式の日のナナミは、緊張している様子だった。自分のクラスの棚、引き出し、ロッカー、おもちゃ、絵本などを、一つ一つ確認するように見て回った。ナナミから「これは何?」と担任に質問をしてくることがあった。

 日を追うごとにナナミの行動範囲は広がり、同じ階の他の教室、他の階の教室、職員室、ホールと、幼稚園の中のすべての部屋を一つ一つ確認するように見て回った。ナナミはホールを一番気に入り、登園するとすぐに仲良しになったカナコと一緒に遊ぶことが多くなった。

 登園してホールに行くと、朝の会が始まっても教室に戻らず、そのままホールで遊び続けるようになった。担任が教室に戻るよう促すためにホールに行くと、ナナミは笑顔で「きゃー!」と言いながら逃げ、「走らないで」と担任が言うと、「走らないで!キャー!」と言いながらまた逃げるといったように、追いかけっこのようになってしまい、教室に戻るまでに時間がかかってしまうようになった。教室に戻り、朝の会で担任がナナミの名前を呼ぶと、「おっぱいボョーン」「オッパッピー」などと返事をした。担任が活動の説明をしている場面では、突然「夕焼け小焼けの〜」などと歌い出すことがあった。

 しばらくすると、活動の途中でも、ナナミとカナコは教室を抜け出し、ホールに行くようになった。2人が教室を抜け出すと、コウジも2人を追いかけて、ホールに行くようになった。3人が教室を出ていくと、担任は活動をいったん中断して、他の子どもたちを補助教諭に任せて、3人に教室に戻るように働きかけを行った。

ある日，活動中に3人が教室を出て行ったので，クラスの他の子どもたちを補助教諭に任せて，担任が3人を追いかけた。幼稚園の園舎中を3人が走り回るので，なかなか教室に戻すことができなかった。すると，クラスの他の子どもが全員廊下に出てきて，「僕がつかまえてあげる！」「私も！」と言い出した。担任は「3人は先生が連れて帰るから，みんなは教室に戻っていてね」と伝えたが，3人を追いかけて，クラス全員が幼稚園の園舎中を走り回ってしまった。3人を含め，クラス全員が教室に入り，活動を始めるまでに時間がかかってしまい，その日予定していた活動を終わらせることができなかった。

　ナナミが出席調べで「おっぱいボヨーン」と返事するのを聞いて，マネをする子や「うんこ」「おしり」などと返事する子が出てきた。ナナミが活動中に「夕焼け小焼けの～」と歌い出すと，数人の子が続けて歌い，最後はクラス全体で大合唱になってしまうことがあった。担任が注意をしてもなかなかおさまらず，全体的に落ち着きのないクラスになったと担任は感じるようになった。

担任が保育に自信を持てなくなり巡回相談を依頼する

　担任はナナミが幼稚園で見せる「落ち着きのなさ」や「奇異な行動」への対応に苦慮し，どのように対応をしていけば良いのか悩んでいた。また，ナナミの影響を受けて，クラス全体が落ち着かなくなってしまったと感じていた。ナナミに対しても，クラスに対しても，今までの自分の保育では思うようにならないことが多く，自分の保育に自信が持てなくなっていた。このような中で，ナナミが幼稚園で見せる「落ち着きのなさ」や「奇異な行動」への対応を主訴

第2章 「問題行動」を挑発する子どもへの気づきから楽しい活動をつくった保育

として，巡回相談の依頼をすることとなった。

2 巡回相談

ナナミが転入園して約3ヶ月が経過した，6月下旬に巡回相談が実施された。ナナミの入園面接での姿と入園後の姿の違いに戸惑い，幼稚園として対応に苦慮しており，早めに巡回相談をお願いしたいとの希望により，依頼後すぐに実施となった。

朝の会

担任がクラス全体に朝の会を始めることを伝えると，子どもたちはそれぞれ遊んでいた物を片付け，椅子を取り，自分の場所に椅子を置き座った。ナナミは教室の中をウロウロして，鏡に自分の姿を映してポーズを取っていた。担任と補助教諭から何度か座るように促されたが，鏡の前でポーズを取り続けていた。担任が朝の挨拶の曲を弾き始めると，ナナミはさっと椅子を取りに行き，自分の場所に椅子を置いて座った。

歌と出席調べが終わり，午後の七夕の短冊作りに向けて，担任が七夕の話をした。ナナミは真剣に話を聞いていた。ナナミの左隣に座っていたカナコは，身体をソワソワと動かし，周囲をキョロキョロと見回し，話に集中できていない様子だった。すると，カナコは小さい声でナナミに「遊ぼう！」と言い，ナナミの両手を取り，「せっせいせーのよいよい！」と歌い始めた。ナナミは一緒になって歌い出し，手遊びを始めた。2人が声を出しながら手遊びを始めたので，担任の声が聞き取りにくくなってしまった。担任は，「2人共静かにして！　今お話しているんだから。」と2人に注意をし

た。

お弁当の時間

　お弁当の準備ができた子から机に伏せて，担任の「コケッコッコー，朝ですよ」の合図を待っていた。ナナミのグループは一番最初に全員の準備が終わり，全員が机に伏せて，担任の合図を待っていた。他のグループでは，ケンカをしている子，お茶をこぼした子などがおり，担任と補助教諭はその対応に追われていた。ナナミのグループが準備を完了してから3分近く経っても合図にならなかった。

　すると，ナナミの隣に座っていたダイスケがナナミの耳元で，「夕焼け小焼けの～」と囁き，それに続けてナナミが「赤とんぼ～」と部屋全体に響くような声で歌い始めた。それを聞いた他のグループの数名の子も一緒に歌い出し，クラス全体での大合唱になった。「ナナちゃん，静かにして」と担任はナナミを注意した。大合唱になったクラスはなかなか静かにならず，担任は合図を出すことができなかった。

　すると再び，ダイスケがナナミの耳元で「コケコッコー」と囁き，ナナミが「朝ですよ！」と大きな声で続けた。「ナナちゃん，まだでしょう！」と担任はナナミに伝えたが，ナナミは「朝ですよ！」と何度も繰り返した。

3　カンファレンス

ナナミの行動を考える

　カンファレンスでは，担任が対応に苦慮しているというナナミの「落ち着きのなさ」や「奇異な行動」について話し合いを行った。

第2章 「問題行動」を挑発する子どもへの気づきから楽しい活動をつくった保育

　相談員は，朝の会でナナミとカナコが手遊びを始めた経緯，お弁当の合図を待つ間にナナミが歌を歌い出した経緯を伝えた。すると，担任は「ダイちゃんがナナちゃんの耳元でそんなことを言っていたなんて，全然気付かなかったです。そんなことがあったんですね」と驚いた様子だった。

　「教室を飛び出したり，突然歌いだしたりするのは，ナナちゃんの意志，ナナちゃんの思いがさせていることだと思っていたけれど，私の気付かないところで，他の子に誘われたり，刺激されたりしていることがあったんですね」ということに担任が気付いた。

　ナナミの「落ち着きのなさ」や「奇異な行動」に関しては，場面の切り替えの苦手さ，言語指示の入りにくさといったナナミ自身の発達的特徴が影響しているけれど，それ以上に他児からの挑発や同調の影響もあるということを，相談員と担任との間で確認をした。

クラスの子ども達の思いを考える

　担任と補助教諭は，ダイスケが人を困らせる，人が嫌がるような行動をする子だとは，まったく思っていなかった。そのため，ダイスケがナナミの耳元で挑発するように囁いていたことを知って，とても驚いていた。そこで，なぜあの場面でダイスケがあのような行動をしたのかについて話し合いを行うこととなった。

　相談員は，ナナミとダイスケのグループは一番最初にお弁当の準備を終えていたこと，しばらくの間は全員きちんと机に顔を伏せて合図を待っていたこと，なかなか「いただきます」の合図がかからず次第に姿勢が崩れていってしまったことを伝えた。その時間を待っている子どもたちの姿が辛そうにみえたという感想も伝えた。

担任は「今日はお茶をこぼす子やケンカをする子などがいて，いつもより合図をするまでの時間がかかってしまった」と，その場面を振り返った。お弁当を前にして，自分はきちんと準備をしているのに，なかなか食べることができない状況というのは，幼稚園児にとってはとても長い時間に感じられるのだろう。ダイスケは長時間待たされる苛立たしい気持ちを，ナナミを挑発することで発散させていたのかもしれない。そのように，考えることができた。

それから，カナコとコウジが，ナナミを挑発したり，同調したりする意味についても考えてみた。「カナコとコウジは，年中の頃は集団場面では，理解する力が幼いために，みんなと同じように行動することが困難なことが多くて，集団の中で萎縮しているタイプの子どもだった」ということが園長先生から語られた。

それを受けて相談員は，集団活動が苦手だった2人にとって，堂々と集団活動から外れて，自分の好きなことをしているナナミという存在は，憧れであり，かつ自分も同じようにしたいと思わせるものを持っていたのかもしれないということを伝えた。

担任の思いと気づき

担任は，「今まではナナミの『問題行動』の背景には，転園してきたことへの不安があると考えていました。だから，担任である自分とナナミの間に信頼関係を築き，『先生のいるお部屋にいたい』『先生と一緒にお部屋にいたい』という思いを育てることで，これらの『問題行動』はなくなっていくと考えていました。活動の途中にナナミが部屋を飛び出したときは，補助教諭にクラスを任せ，自分がナナミを追いかけ，部屋に戻るように声かけをして，そのとき

にはなるべくスキンシップを取ることを心がけていました」と，今までの保育の取り組みを振りかえった。

これに対して，クラスの他の子どもに対しては，「ここの幼稚園での生活は3年目だから大丈夫，今は転園してきたナナミとの関係作りをしていかなくてはいけないと思っていました。今思うと，他の子どもにとって，幼稚園生活は3年目だったとしても，自分が担任することははじめてであり，他の子どもとの信頼関係を築いていくことも大切な時期だったんですね。ナナミと一緒に部屋を飛び出したり，一緒にふざけたりしているのは，担任である私の注意や関心を引きたいという他の子どもの思いがあったんですね」ということが語られた。

この2つの点を踏まえて，今後はナナミの「問題行動」を，ナナミ個人の問題として捉えるのではなく，クラス全体の思いが現れた結果生じる問題であると理解して，その上でクラス全体の保育を，より充実して楽しくするようにつくっていくという方向性を確認した。

4　その後の保育の展開

巡回相談後，担任は自分が「すみれ組」26名の子ども全員の担任であることをより意識するように心がけた。ナナミに同調したり，挑発したりすることで得る満足感ではなく，子ども一人一人が自分自身の活動を通して得る満足感を育てていく保育を行っていくようにした。

ナナミの行動と担任の対応

ナナミの「部屋を飛び出す」「突然歌を歌い出す」といった行動は，その後も続いた。このような行動が見られたとき，担任は以前のようにナナミに毎回注意をしたり，反応したりしないように心がけた。

部屋を飛び出したときは，補助教諭に対応を任せて，気持ちの切り替えができてから，教室に戻してもらうようにした。突然歌を歌い出したときも補助教諭に対応を任せて，担任は「すみれ組」の子どもと行っている保育の流れを優先させるように心がけた。

集団の中で認められていくナナミ

あいかわらず，ナナミは，じっと座って担任の話や説明を聴くことは苦手であった。だからといって指示を聞いていないわけではなく，実際の活動が始まると，すっと戻ってきて，他の子と同じように活動することが多かった。

とくに歌を歌うこと，踊りを踊ることが好きで，教室から出て行ったときも，教室からピアノの音が聞こえると，自分から戻ってきて，歌や踊りに積極的に参加をした。歌と踊りは，1回聴いたり，見たりするだけで覚えてしまうので，クラスの誰よりも早く習得した。また，クラスの中で1番か2番を競うほど，歌も踊りも上手で，クラス全体を引っ張り，みんなの見本となることができるほどの力があった。

運動会のクラス対抗リレーの練習では，担任がルールを説明している間はみんなが並んでいる列を離れ，砂を触ったり，遊具で遊んだりしていた。説明が終わり，リレーがスタートすると，ナナミは

すっと自分の並ぶべき位置に戻り，自分の順番になるまで待ち，自分の順番で走った。ナナミのチームが1位になった。チームのみんなでハイタッチをしながら，「やったー！」と喜び合った。

クラスの子どもたちは，ナナミに対して，集団から外れてもかならず戻ってくる，やるべきことはきちんとやってくれるという思いを持つようになっていた。学芸会の劇の練習のとき，自分の出番になるまでの間教室を出て行ってしまったナナミを相談員が追いかけようとしたところ，一人の女の子から「ナナちゃん，そのうち戻ってくるよ」と言われたことがあった。

ナナミが教室を出ても，そのことを咎めたり，同調する子はいなくなり，クラス全体の落ち着きが出てきた。また，「ナナちゃん，歌が上手なんだよ」といった，ナナミに対する肯定的な評価が他の子どもたちから聞かれるようになった。

5 まとめ

「問題行動」を保育場面という状況性からアセスメントする

巡回相談を受けるまで，担任はナナミが保育場面で見せる様々な「問題行動」の背景にある要因は，ナナミが抱える発達的な遅れや障がいだけだと考えていた。「すみれ組」26名に対して保育を行っている担任は，ナナミが見せる「活動中に騒ぐ」「歌を歌い出す」といった行動は，いつも突然，ナナミが始めたことだと感じていた。ナナミのこれらの行動が，クラスの子どもたちに悪い影響を与えて，「すみれ組」全体が落ち着かなくなってきたと考えていた。

担任は，ナナミをもっと理解すること，ナナミと自分との関係作りをしていくことが，ナナミの行動を安定させることになり，その

結果,クラス全体が落ち着くことにつながっていくと信じて保育していた。

巡回相談では,相談員は保育場面での対象児の様子を丹念に観察することができる。実際,ナナミが「活動中に騒ぐ」「歌を歌い出す」といった行動が出現した前後の状況,他の子どもとの関係を丁寧に観察することができた。そうすると,「自分から問題行動をするナナミ」ではなく,「カナコに手遊びに誘われるナナミ」「ダイスケに耳元で囁かれて歌い出すナナミ」といった姿を目撃することができた。

そのことを担任に伝えると,担任は,最初は信じられないように感じたが,しだいに,前後の状況や他の子どもとの関係からナナミの行動を理解していくことが必要だと思うようになった。ナナミがクラスの他の子どもに影響を与えているだけでなく,クラスの子どもがナナミに影響を与えていることも分かるようになっていった。

「問題行動」を起こしている対象児だけに焦点を当てるのではなく,挑発する子,同調する子などクラスの他の子どもが保育場面でどのような状態なのかを含めて理解することが求められるのである。

「問題行動」を挑発・同調する子どもの意見表明を解釈する

次に,カナコ,コウジ,ダイスケなど,ナナミを挑発したり,ナナミに同調したりする子どもたちの意見表明を解釈していくことが求められる。

カナコは,長い話や複雑な説明になると,途中で理解できなくなってしまうという発達的な未熟さを抱えていた。年中の頃のカナコは,みんなと同じように行動することができず,集団の中で萎縮し

第2章 「問題行動」を挑発する子どもへの気づきから楽しい活動をつくった保育

ているような子だった。年長でナナミと出会ってから見せるカナコの姿に，幼稚園側は驚いていた。巡回相談の日に，カナコがナナミを手遊びに誘ったのは，担任の話が長くなり，理解ができなくなったのか，退屈そうな表情をして，周囲をキョロキョロと見回した直後であった。わからなさや退屈さを，ナナミを手遊びに誘うことで紛らわしているようだった。

コウジは，年中の頃，補助教諭の膝の上で担任の話を聞いたり，遊びの場面で担任に抱っこやおんぶを求めたりすることが多かった。年長になり，ナナミとカナコが教室を出ていくと，担任が追いかけ，しばらく対応しているという姿を繰り返し見ていく中で，コウジも2人を追いかけて，教室を出て行くようになった。自分も担任に注目されたい，自分も担任にかまってもらいたいという思いから，2人を追いかけているようだった。

ダイスケは，普段の活動では，担任の指示を理解して活動に参加することができており，色々な子どもたちと遊ぶこともできていた。担任は，ダイスケに関してはとくに気になることはなかった。しかし，巡回相談のお弁当の場面のように，お弁当を目の前にして，長い時間待たされることは，退屈であったし，自分はきちんとしているのになぜ待たなくてはいけないのかという納得のいかない思いもあったと思われる。このように思うダイスケの気持ちは，当然な思いである。その退屈さや納得のいかなさという思いを，ナナミを挑発することで紛らわしていたようであった。

このように挑発行動や同調行動というのは，彼らが抱える困難を背景にした行動の現れであり，その困難を受け止めることが，彼らの意見の表明を受け止めることになっていくのである。

一人一人の子どもの意見が平等に尊重される保育作りをする

　クラス全体をみると，だれもが，カナコ，コウジ，ダイスケのように挑発したり同調したりするわけではない。むしろ，そういう子どもは少数である。多くの子どもは，先生の話を聞いて理解するので，カナコほどに退屈になるわけではない。ナナミを挑発したり同調したりすることよりも，もっと楽しくすることを知っている。

　たしかに，ナナミが大声で歌い出すことに，最初の頃は驚いたり嫌だと感じたりする子どもは少なくなかったかもしれない。しかし，たいていの子どもは，ナナミのことを分かってくるにつれて，ナナミの行動をそれほど気にしなくなる。だから，担任がナナミの行動について注意したり制止したりすることよりも，むしろ現在の保育を継続して楽しく遊び生活できることを期待している。それが多くの子どもの意見である。

　ナナミのようにクラスの活動に支障になるようなことをする子どもと，その周囲にカナコ，コウジのように同調する子どもがいる場合，ともすると担任は，その少数の子どもへの対応だけに追われてしまい，多くの子どもの意見を結果的に軽視してしまうことになる。それが続くと，多くの子どもたちまでが，一緒にナナミを探しにクラスを飛び出すような状況が生まれてくる。

　担任がナナミやその周囲のカナコやコウジの行動や意見を尊重したり，それに振り回されたりしていた背景には，ナナミが他の子どもたちとは違い転入園してきたばかりの子どもであったこと，そしてナナミの行動はとても目立つためどうしても注意や関心が向きやすかったことがあった。それと同時に，ナナミ，カナコ，コウジの行動というのは，教室の中ではおさまらず，他のクラス，他の先生

方にも影響を及ぼしていたということも背景としてあった。他のクラスや先生方に迷惑をかけたくない，申し訳ないという担任の思いが，ナナミ，カナコ，コウジに振り回されてしまうことにつながってしまっていたのである。

　巡回相談での幼稚園職員全体でのカンファレンスで担任が苦しい胸の内が語ったことにより，園内の職員間の協力関係やコミュニケーションの状況が整理され，少数の子どもへの対応でクラスの保育が混乱することから，保育を立て直すきっかけとなった。

　少数の子どもの意見を過重に尊重するのではなく，保育の場を構成する子ども一人一人の意見が平等に尊重されていく保育への移行がなされた。一人一人が主役でありたいという26人の子どもたちの思いを受け止め，一人一人が生き生きと「参加」している保育を作っていくことの大切さを教えられた事例となった。

第3章　見捨てられ不安の強い子が安心して
　　　　仲間と関われるようにした保育

五十嵐元子

　"他の子どもへ注意を向けただけで泣いてしがみつく子"。"もうおしまいと言うと，飛び出し，寝転がって足をバタつかせる子"。その様子に，"関わり方が良くないからだと自分を責めて疲弊する保育者"。

　子どもは自我が育ってくると，自分の要求を阻止されるときに地団駄を踏むほどに感情をたかぶらせる。その姿を見て，保育者は子どもの成長を喜び，巧みに気持ちを受け止めながら子どもを導く。

　その子どもがマルトリートメントを疑われる場合，それは普通の地団駄ではない。不安を背景にしたパニックである。保育者がどんなに手を尽くしても，子どもに変化する兆しが見えず，疲労困憊することになる。そのようなときに，子どもへの具体的な関わり方で話が進んでいくと，保育者はさらに追い詰められることがある。ところが，そうした子どもが園で安心して生活するまでに，非常に長い時間がかかるということを職員（先生）全員で理解し，協力しあうことで，その状況が変化してくることがある。

　ミキは，生まれてからずっと不安定な生活を送り，大人から見放されるのではないかという心理的不安を抱えて生きてきた。大人が

傍から離れようとすると，泣いてパニックになり，そうした行動は日に日にひどくなっていった。マリコ先生の精神的な負担が増える中，長い見通しをもってミキと付き合っていくことを巡回相談で確認し，他の先生たちに協力してもらうようにした。その上であらためてミキが園で楽しく遊べるように，どのような配慮ができるかを考えた。その結果，朝，一定した時間に登園してもらうように保護者に促し，ミキが園で安心して生活し，十分に遊ぶことができるようにしていったのである。ミキは園で不安ではなく，安心できる体験を積み重ね，「もっとしたい・またしたい」好きな遊びを先生と共に見つけていった。それが，他の子どもと関わる接点にもなった。

"一人の保育者が問題を抱え込まず，みんなでそれを共有し手を携えていく"

これは，保育者の精神的な負担感を減らすだけでない。子どもがどうしたいのかを考え，子どもと一緒にどうしたいのかをイメージし創造する，保育者にそのような余裕を作っていくものだ。この事例では，まず，ミキが抱える不安について理解し，保育者の協力体制が整うまでを記していく。次に，ミキが少しずつ安定していき，保育者が余裕をもって接していく中で，ミキと保育者がしたい遊びを共に見つけて実現していく様子を紹介していく。

1 どんなに手を尽くしても，パニックがおさまらない日々
―― 初回相談までの経過

4月，ミキが4歳児クラス（子ども16名・担任1名）に入園してきた。ミキは，汚れた洋服を着て体臭を漂わせ登園してきた。給食を一心不乱にガツガツと食べ，何回おかわりしても，満足していな

第3章　見捨てられ不安の強い子が安心して仲間と関われるようにした保育

いようだった。マリコ先生は，直感的にミキが"愛されてきていない"と思った。その後，親子を注意深く見るようにした。朝，母親は昨晩からの仕事着のまま疲れた表情で，ミキを連れてきていた。24時間の保育施設からミキを引き取り，そのまま園に預けていると思われた。2人が楽しく話すようなことはなかった。母親が夕方に迎えに来ても，ミキの嬉しそうな表情を見たことがない。マリコ先生はミキが適切に養育されていない（マルトリートメントである）ことを危惧した。せめて保育園にいるときだけでも，ミキが安心して，楽しく過ごせるように，手厚く関わっていこうと考えた。

　ミキは，保育者を見かけると，かならず傍に来て，スキンシップを求めた。マリコ先生は，ミキとの関係をつくるために，スキンシップに応じていた。ある日，ミキに「みんなで散歩に行こう」と誘いかけた。すると，ミキが「いやだ。行きたくない」と泣いて抵抗したので「まだ遊んでいたかったの？」と気持ちを確認してみたが，それに応じてくれなかった。「お散歩に行くよ」と見通しを伝えても，泣き止まなかった。そのときは散歩を諦め，ミキの傍にいることにした。その頃から，ミキは度々泣き叫ぶようになり，どんどん激しくなっていった。そうしたパニックが毎日続いた。マリコ先生は，関われば関わるほど，ミキのパニックが激しくなり，長引くように感じた。ミキがどうしたいのか，理解できなかった。個別にミキに付き添っている間，他の先生にクラスを任せていた。そのかいもなく，ミキの状態がよくならず，自信をなくしていた。

　ミキが入園して2ヶ月が過ぎた。

「先が見えない……」

　マリコ先生には疲労感が蓄積されていた。

そのような経緯の中，ミキがパニックにならないようにどうすればいいのか，どうしたらミキが園で楽しく過ごせるようになるのかを知りたいという主訴で，巡回相談が申し込まれた。

2　ミキが園で楽しく遊べるようになって欲しい
　　（初回相談）

保育観察：場面の切り替え時のパニック

　その日，相談員はミキに自己紹介し，絵本を読み聞かせることになった。しばらくミキはぴったり相談員の膝に座っていた。先生が「散歩に行くよ！」と子どもたちに声をかけた。相談員は「じゃあ読んじゃおう」と絵本を終わりまですすめ「おしまい！」と声をかけた。すると，ミキは「もう1回！　もう1回読んで！」とせがみ始めた。相談員が「みんなで散歩に行くって。保育園に帰ってきたら，また読もうよ」と言うと，「だめ！　それじゃだめなの！　いや」と泣き叫んだまま走り出して部屋を出て行った。心配になって探しに行くと，ミキは事務室で保育者と笑顔で話していた。泣き叫んでいたミキとは別人のような姿であった。

　これは，相談時に観察したエピソードである。絵本を読み聞かせている間，ミキは相談員に体を密着させてうつろな表情をしていた。絵本の内容を楽しんでいるように見えなかった。終了の言葉かけや次の見通しを伝えられると，激しく泣き叫んで，パニックになった。マリコ先生によれば，パニックが昂じると「ちがう，ジュースが飲みたい」など，脈絡ない訴えをし，その場を走り去ることがよくあるということであった。その後，ミキは何もなかったかのように，

他の保育者に身を寄せているので，マリコ先生は拍子ぬけしてしまうということだった。

相談員は，場面の切り替えのとき，ミキが自分から離れていく大人を呼び戻そうと，もがいているのではないかと感じた。マルトリートメントの子どもは，愛着形成に問題があるために，大人が自分を見捨てるのではないかと強い不安を感じることが珍しくない。ミキの場合は，大人が密着していると一時的に安心しているのだが，場面の切り替えのとき，大人がミキから離れようとすると，見捨てられ不安が高まるのではないかと考えられた。

カンファレンス：パニックにどう向き合うか

カンファレンスで，マリコ先生は，席に着くとすぐに，4月からの取り組みをこんこんと話し始めた。他の保育者に協力してもらいながら，手を変え品を変え，ミキと付き合ってきたけれど，ミキは，1日のうち，パニックになる回数が増え，良くなる兆しが見られない。マリコ先生は，自分の関わり方に非があるのではないか，助けてくれる保育者に申し訳ないと繰り返した。相談員は，園の職員全体でマリコ先生やミキを支援していく必要性を感じた。

ミキがこれまで不適切な養育を受けてきたとすれば，それを背景にしたパニックは短期間で改善されないと考えられる。そのことをマリコ先生や園長先生達に伝えた。そして，そのことをカンファレンスに出られなかった先生にも知ってもらい，園の職員全体で理解できないだろうかと提案した。そうすれば，マリコ先生は長期的な見通しのもとでパニックに対応していけるからである。

また，マリコ先生をはじめ園の先生たちが，ミキに声をかけ，遊

びに誘っていく中で，いつも先生は自分のことを気にかけてくれていると，ミキが少しでも思えるようになれば，見捨てられるという不安が徐々に緩和してくるだろう。それに応じて，パニックも少しずつ落ち着いてくるだろうという見通しを伝えた。すると，マリコ先生は，それだけで，友達と一緒に楽しく遊べるようになるのだろうかとつぶやいた。

友達と楽しく遊ぶために，何ができるか

　マリコ先生は，ミキが1日のうちに何回もパニックになり，それが長引くために，他の子と遊ぶ機会を逃していると考えていた。しかし，話しているうちに，パニックが和らいでも，ミキが他の子と楽しめるのだろうかと一抹の不安を感じ始めた。何故なら，マリコ先生はミキと遊んでいて，楽しいと思えなかったからである。

　相談員としては，ミキに何か好きな遊びがあり，一緒に遊びたいと思う子どもがいてくれれば，楽しく遊べるようになる可能性があると考えた。そこで，まず，ミキが遊んでいる様子をもう一度検討して，この時点で，どのような配慮ができるのかについて，話し合うことを提案した。

　ミキは登園時刻がまちまちで，ときにお昼を過ぎることもあり，園にいる時間が安定していなかった。そのために遊ぶ時間が十分になかった。また，先生があらためて思い返しても，ミキの好きな遊びが見当たらなかった。他の子どもが遊んでいるところに行っても，その場でいつも大人を探しているということだった。つまり，好きな遊びを見つけられなかったのである。これまで，ミキは保護者の都合に振り回され，"朝起きたら食事をする" "着替えてから外に出

る"などの生活のルーティンを与えられずにきたと思われる。ミキにとって，家庭での生活は，一貫性のない，非常に不安定なものであり，楽しく遊べるような環境ではなかった。

　ミキの現状を確認したあと，相談員は，ミキが毎日，遊びが始まる頃に登園し，十分に遊ぶ時間を確保し，お昼を食べ，午睡をするという生活を整えることがもっとも重要だと指摘した。その上で，ミキが好きな遊びを見つけられるように，マリコ先生や他の保育者がミキを遊びに誘い，遊びの楽しさ・面白さを伝えていくこととなった。

　巡回相談後，園長は，職員会議の場で，ミキが秩序のない生活を送ってきていて，大人と離れることに対して不安を持っていることを全職員に理解して欲しいと伝えた。マリコ先生は，ミキと関わっていく上で，まず，ミキがパニックになったとき，ミキへの対応とクラス運営を両立させるため，他の保育者に引き続き協力して欲しいと話した。次に，ミキの園生活を安定させて，ミキが園で楽しく遊べるようにするため，保護者に朝一定の時間に登園することを促していくことになった。その保護者への対応は園長が担うことになった。他の保育者は，保護者がミキを園に預けに来るのを嫌がらないように，家庭の中のことを詮索せず，登園についての指導も一切しないということになった。最後に，保育者は，ミキを見かけたら，声をかけたり，遊びに誘っていくことにした。そして，そのときに働きかけた内容やミキの反応について，保育者同士で情報交換するようにした。

3 ミキとの関わりと保育体制が整う中で
　　（初回巡回後の取り組み）

お絵かきが好きなのかもしれない

　初回の巡回相談後，職員会議で保育の方向性を決め，2ヶ月が経った。保護者への対応が順調に進み，ミキは朝，一定の時間に登園することが多くなった。マリコ先生は，他の先生たちの理解を得て，精神的な負担が減り，ミキのことを，余裕を持って見ることができるようになっていた。プール遊びが続く中で，ミキに変化が現れた。クラスでは，プール遊びの後，休息をとるため，給食の時間まで，部屋でゆったり過ごすことにしていた。ミキは，プールで遊んだ後，決まって「気持ち良かった」と言い，パニックにならないで，クラスの子ども達と一緒に部屋に入り，絵を描いていた。そして，ある日，マリコ先生はミキのカバンの中にたくさんの絵が入っているのを見つけた。それらは，園で描いたものでなかったので，ミキが他でも絵を描いていることを知った。"お絵かきを好きになったのかもしれない……"そう思って，ミキが絵を描いていると，いつも付きそうようにした。

ミキが体を密着させて，ボーとなる前に働きかけてみる

　9月に入り，プール遊びが終わった後も，先生たちは，ミキを色々な遊びに誘ってきた。先生たちはミキの様子を話している中で，"ミキとべったりくっついていると，ミキが，ボーとしてきて，大人の働きかけに応じなくなる"という特徴に気づいた。そして，そのようなときに，次の見通しを伝えられると，パニックになりやす

いことも分かったのである。これをもとに，ミキがべったりしてきたときは距離をとってみたり，うつろな表情をしたときは声をかけたりしてみた。そのように意識して働きかけていくうちに，ミキは徐々に遊びこむ時間が長くなり，パニックが少なくなっていった。

そして，10月，2回目の巡回相談を迎えた。

4 好きな遊びで楽しめるようになる
　　　── お絵かきから絵本作りへ

10月，2回目の巡回相談のときの保育観察：絵本作りを楽しむ

クラスの子どもは園庭で遊んでいたが，ミキは部屋で黙々と絵を描いていた。相談員が「何してるの？」と尋ねると，「絵本作っているの」と答えてくれた。ミキはどことなくリラックスした感じで，相談員も穏やかな気持ちになった。すると，ミキは「先生，『今日は晴れています。楽しいです』ってここに書いて！」と相談員に言った。相談員がその言葉を書くと「じゃあね，次は……」とやりとりが続いた。絵本が出来上がったとき，ミキは「できた！」と喜んだ。「上手。素敵だね」の相談員の言葉に顔がほころぶ。「マリコ先生に見せてあげようよ」と言うと，ミキは先生の所へ持っていった。先生はミキが作った絵本を廊下に飾り，「大作だね」と誉めると，2人で絵本の内容について，話していた。

ミキは相談員に作っている絵本を見せ，そのストーリーを話してくれた。話しながら，「じゃあね，次は……」と物語を展開させて，楽しんでいるようだった。初回相談で遊んでいた姿と明らかに異なっていた。

カンファレンス：豊かな想像ができるようになると，遊びが楽しい

　相談員は，これまでの経緯をマリコ先生に聞かせてもらった。そして，最近になって，マリコ先生がミキの描いた絵をホチキスでとめたことをきっかけに，ミキがエピソードにあるような絵本作りを楽しむようになったことを知った。

　登園が安定することで，ミキの生活サイクルが一定し，遊ぶ時間が確保された。ミキは，大人の傍らで安心する以外に，プールに入る気持ちよさや絵を描く楽しみなどを経験していった。一方で，マリコ先生は，他の先生に理解してもらい，精神的な負担が軽くなっていった。そして，ミキの姿に変化が出てくると，"ミキとどのような遊びをしようかな"と先を想像できる位に，余裕が生まれてきたと思われた。ミキとマリコ先生がお互いに絵を通してやりとりし，その先にある遊びをイメージし，展開していけるようになっていた。

ミキと他の子どもが楽しんで遊ぶ機会を作っていくために

　ミキの変化を確認すると，マリコ先生は，ミキが他の子どもと楽しく遊べるようになるために，お絵かきをそのきっかけにしていきたいと話した。相談員は，ミキが他の子と一緒にお絵かきする機会を，先生が意識して作っていくとしたら，どのような方法が考えられるだろうかと投げかけた。マリコ先生は，まず，ミキと子どもが互いに関心を持てるようになれば，一緒にお絵描きをする機会を作れるかもしれないと考えを話してくれた。すると，カンファレンスに同席していた先生たちが，その具体的な方法を提案していった。例えば，ミキがパニックになったとき，「……ちゃんが心配しているよ」と言葉がけしたり，廊下や部屋に飾られた絵に関して，ミキ

や他児に，誰が何を書いたのかなどを伝えていくことなどがあげられた。そのように働きかけ，互いの関心を育てていくように保育者全員で試みることになった。

5　楽しい遊びがクラス全体の活動になるまで

2回目の巡回相談後，先生達はミキや他の子へ意識的に働きかけ，双方が関わりあえるように工夫を凝らしていた。相談員が10月と11月に保育観察で訪問したとき，その様子が見て取れた。

10月後半の保育観察：ミキがはじめてクラスの子どもと協同する

ミキと保育者が季節の置物を作っていると，他の子どもがその姿を見て，「私もやりたい」と言って入っていった。ミキたちが，折り紙で葉っぱの形を作り，貼り付ける作業をしていると，別の子どもが次々と「入れて」と言って，そこに加わった。出来上がるとミキや他の子どもが相談員の所にやってきて，「これはバンビさん（4歳児クラス）が作ったんだ」「ここは私が作った」「あそこは…ちゃん」と誇らしげに教えてくれた。

11月半ばの保育観察：園行事を活かして，クラス全体で協同作業をするよう試みる

11月，マリコ先生と子どもたちは，行事のお買い物ごっこのためにお金と品物を作っていた。ミキとヨウコはお金を作る係だったようである。2人で「500円もいるよね」「10円よりも大きいよ」と会話しながら，厚紙を切っていた。他の子どもは絵本を作っていた。相談員が「何を作っているの？」と尋ねると，絵本をお買いものご

っこの商品にすることを話して聞かせてくれた。その姿を見て、ミキは「私も作ったよ」と廊下に張り出されていた絵本を指さした。

3回目の巡回相談・カンファレンス

相談員は、10月と11月のミキや他の子の姿に驚き、マリコ先生にどのようなことに気を配ったのかを尋ねた。先生は、ミキと他の子が互いに関心を持てるように働きかけると、ミキが絵を描いていると、他の子もその場で一緒に絵を描くようになったと嬉しそうに話してくれた。また、別のところでは、他の子が運動会の練習にミキを誘ったり、と少しずつ関わりが出てきたとのことだった。それで、マリコ先生は、一層丁寧に子どもを見て、両者の接点を探すようになったのだった。例えば、季節の置物は、もともと園舎の中を装飾するため、保育者が作っていた。たまたま、それにミキと他の子どもたちが興味を示した。マリコ先生はこの機会を見逃さず、ミキと他の子どもが関われるように働きかけたのだった。そして、ミキにとって、季節の置物作りが、一つの作業をクラスの子どもたちと協同してやり遂げたはじめての出来事となった。

これをきっかけに、子どもたちは、物を作ることに関心を持ち始めた。マリコ先生は、その雰囲気を察し、12月の園全体で行うお買い物ごっこで、バンビさん（年中組）に品物作りを担当させて欲しいと他の先生たちに申し出た。次に、マリコ先生は子ども達に「お買い物ごっこで、バンビさんは商品を作ることになったけど、何にしようか？」と尋ねた。すると、ある子が、廊下に飾られたミキの絵本を見て、絵本を買い物ごっこの商品にしたいと答えた。多くの子ども達もそれに賛同したとのことだった。11月のエピソードはそ

のような経過を踏んでいた。

エピソードで，ミキが相談員に「私も作ったよ」と教えてくれたシーンがある。ミキはお絵描きや絵本作りの経験を土台に，他の子どもと作業の楽しさや面白さを感じることができるようになり，それを言葉で伝えられるようになったと思われた。

ミキは，まだ集団遊びに入らないのだが，その遊びが見えるところで絵を描いているという。これは他の子どもの遊びに関心を持つようになった現れだろうと保育者は評価していた。マリコ先生はいつかミキをみんなの遊びに誘う機会を作りたいと考えていた。

6　まとめ

担任の気持ちを理解して職員が協力して保育する

巡回相談を受ける前，マリコ先生は一人でクラスを受け持っていたため，ミキがパニックになったときだけフリーの先生がクラスに入り，マリコ先生がミキと個別に関わっていた。これは幼児クラスの保育者が相談して考えたものだった。しかし，この体制をとっても，パニックはおさまらないばかりか激しくなっていくので，マリコ先生とフリーの先生は，ミキへの対応に迷いや葛藤を感じていた。例えば，"言えば分かる子だから，パニックを起こしても，言って聞かせればいい""親の愛情不足故に甘えが出ているのだから，甘えさせればいい"というように保育者によって意見が分かれていた。とくに担任のマリコ先生は，自分の接し方や言葉がけの仕方が悪いと自身を責めていた。

初回相談で相談員はその苦しい状況を聞き取り，ミキのパニックについて，先生と一緒に考えることにした。ミキに関する生育歴な

どの資料を見て，保育者にミキの園での様子や親子のやりとりを聞きとった。そして，保育場面の行動観察を加えて，ミキが愛着形成に問題があり，保育者が自分から離れるときに見捨てられ不安を感じてパニックになると仮説的にアセスメントした。そのようなアセスメントをもとに考えると，そのパニックは短期間で改善されにくいと推測された。

相談員はその内容をマリコ先生や園長に伝えた。そして，長い見通しで現在の体制のまま，対応していくことを確認した。その後，職員会議で，園長はミキには強い見捨てられ不安があるために，パニックが改善されるまで，長い見通しをもつ必要があることを職員に伝えた。そして，現在の体制を継続し，ミキやマリコ先生を支援していくことを提案した。一方で，マリコ先生は"ミキに園には楽しい遊びがあることを知って欲しい"という強い思いを職員に語った。職員全員が，マリコ先生の気持ちを理解し，その提案に納得し，全職員の協力のもとでミキを保育する体制ができた。その結果，園全体が共通の目標に一丸となって気持ちを向けることができた。園長は毎日の登園をミキの保護者に促し，他の保育者は挨拶と事務連絡のみ行うというように役割を分担していった。また，園の職員全員がミキに声をかけ，遊びに誘うことになった。これらのことによって，マリコ先生の迷いと葛藤が軽くなったと思われる。

楽しい遊びを見つけていく

マリコ先生は，ミキが他の子どもと楽しく遊べるようになって欲しいと考えていた。しかし，ミキは登園時間が一定していなかったので，落ち着いて遊ぶ時間など十分になかった。さらに，これまで

ミキは，自分の生きている世界をいつ何が起こるか分からないものとして感じ，自分が生活する世界に安心できずに育ってきている。そのような世界では，遊んで"楽しかった"と感じ，"次は〜という風にしたい"と思いをはせる余裕などないはずだ。これを受けて，先生たちは，ミキが少しでも安らかな気持ちでいられるよう，具体的に次のことに取り組んだのである。それは，毎日，朝から登園して，保育者がミキと一緒に遊び，昼食をとり，午睡時間を共に過ごすことを繰り返すという生活サイクルを安定させることであった。そのうえで，遊びの時間を作るということを保育方針とした。

　園生活が安定することによって，ミキは保育園が安心して生活できる場であることを感じるようになったと思われる。その結果，ミキは大人とべったりくっつくことで安心していた状態から，大人と一緒に遊びを楽しむようになっていった。大人と一緒に遊ぶことによって，自分がした行為を大人に受けとめて反応してもらう体験を積み重ねることができた。この体験が，次は……をやりたいという要求や期待を育てたと思われる。保育者が誘いかけ促した遊びの中で，ミキはお絵描きを気に入り，繰り返し絵を描くようになった。保育者と一緒に絵を描き楽しむことで，次第に２人のイメージが豊かになり，絵本作りへと発展していった。それが，ミキにとって好きな遊びになっていったと考えられる。

好きな遊びから参加へ

　２回目の相談時には，他の子どもとミキが互いに関心を持てるようにしていくことが，保育課題となった。ミキがイメージ豊かな絵本作りを楽しく遊ぶようになり　"ミキが絵本作りをとても好き"

ということを他の子どもに伝えることができた。そのとき，保育者は，ミキの作った絵本について皆に話したり，ミキの作品を廊下に飾ったりして，他の子どもにミキのことが伝わるように工夫していた。他の子どもたちはミキが作った絵本をとても魅力的に感じていたということだった。

このようなことをきっかけにして，他の子どもはミキのことを意識し始め，保育者とミキが季節の置物を作っていたとき，そこへ入っていったと思われる。ミキにとっては他の子と一緒に楽しく作り上げた経験となった。

3回目の相談時には，ミキの好きな遊びについてクラスの子どもが理解すると同時に，ミキがクラスの子どもたちの活動に関心を持つようになっていた。11月，買いものごっこの製品を作る活動で，クラスの子どもたちは絵本を作ることに夢中になっていた。ミキの好きな遊びが全体の保育への意見として取り上げられたと考えられる。ミキもクラスの中の一人として，お買いものごっこに必要なお金を他の子どもと作っていた。

意見を持つ権利を奪われた子ども

マルトリートメントを受けて育つということは，その子ども達にとって，このように考えられないだろうか。

"大人と一緒に食事をする，お風呂に入る，清潔な衣服に着替える，布団に入って寝る"

そんな普通の生活ができない。

"大人から突然罵声を浴びせ聞かされ，叩かれ，蹴られ，無視される"

いつも大人の動きを伺い，いつ何が起こるのか常に警戒して，時間をやり過ごす。

そのような日々の中では，子どもは，遊んで"楽しかった"と感じ，"今度は〜したい"という意見を育むことなどできない。意見を持つ権利を奪われてきているのだ。

ミキの場合と同様に，マルトリートメントを受けてきた子どもは，安定した生活を積み重ね，安心感を覚え，その状況が作られた上で，例えば絵本作りのような好きな遊びを生み出せるのではないだろうか。さらに，その遊びのイメージを豊かにするように，保育を創っていくことで，子どもは「……して遊びたい」というような意見を育めるようになるのだろう。そして，この意見こそが，活動へ参加していく基盤となっていくと考えられる。

コラム　子どもの虐待

　巡回相談では子どもの障がいやクラス運営のことより，保護者のことで悩む先生に少なからず出会います。子どもへの特別な配慮を拒絶する，連絡が密接にとれないなどのオーソドックスな悩みに加えて，子どもの虐待（Child Abuse）が疑われるときの悩みを聞くことが近頃は増えてきました。

　虐待のタイプは①身体的虐待，②心理的虐待，③性的虐待，④ネグレクトに大きく分けることができ，これらを包括する概念としてマルトリートメント（Maltreatment：不適切な関わり）の用語を使うことがあります。児童相談所における虐待相談の対応件数は，平成19年度に4万件を超え，年々増え続けています。就学前の子どもの相談が4割を占め，小学生までを含めると8割になります。昔に比べて虐待が増えたというより，地域が子どもの虐待を明確に認識し始めたことで，相談件数が増えたと考えられています。とくに都市部ほど虐待を捉えるまなざしが強く，虐待の発見率が高いことが指摘されています（内田，2005）。保育園に対する全国調査によると，およそ3園に1園は年間に1件以上の頻度で虐待の疑いがある子どもに気づくことが報告されています（渡邉ら，2007）。虐待が多く見られる年齢の子どもを預かることに加え，保育園は人口の集中する都市部に多く，虐待に対する認識が高いために，虐待を発見する割合が高くなると考えられます。

　虐待に関する最近のトピックは，障がいと虐待の関連です。とくに高機能自閉症，アスペルガー症候群，ADHD，学習障害など，知的障害がみられない発達障害児に，保護者などが不適切な養育を行うリスクが高いことが分かってきました。虐待を扱う医療機関の症例の約半数に発達障害が認められたという報告も見受けられます（杉山，2008）。また，虐待を受けた子どもの中には器質的な障がいが認められなくても，ADHD様の症状が特徴として見られることがあるという指摘があります（西澤，2004）。障がい児を対象とした巡回相談において，保護者の

虐待を疑うような悩みが出てくるのは当然かもしれません。

　大切な視点は、子どもの特徴が障がいによるものか、虐待によるものかの見極めでなく、障がいとは別に虐待が隠れていないかを捉えるまなざしです。子どもの特徴やクラスの状況だけでなく、家庭状況や生育歴なども丁寧に把握して、虐待が疑われたときには躊躇せずに児童相談所に相談するなど、地域で家族を支える体制を整える姿勢が求められています。
　　　　　　　　　　　　　　　　　　　　　　　　　　　（三山　岳）

文献

西澤哲　2004　子ども虐待がそだちにもたらすもの　そだちの科学, **2**, 10-16.

杉山登志郎　2008　子どものトラウマと発達障害　発達障害研究, **30**(2), 111-120.

内田良　2005　「虐待」は都市で起こる：「児童相談所における虐待相談の処理件数」に関する2次分析　教育社会学研究, **76**, 126-148.

渡邉保博ほか　2007　日本の子育て実態と子育て支援の課題（14）：村山科研「保育・子育て全国3万人調査」の概要　保育情報, **370**, 36-40.

第4章　脳性まひの子をほどよく援助する
　　　　ようになった保育

　　　　　　　　　　　　　　　　　　　　　　　田中浩司

　「どこまで手伝っていいかわかりません」
　「一度手伝ってあげちゃうと，なかなか自分でやろうとしないんです」
　障がいをもった子どもを保育する上で，保育者が手伝った方がはやく終わり，保育者も子どもも，お互いにその方が楽だといったことがよくある。明らかに出来ないことを一人でさせることに意味はないが，子どもが自分で出来ることにまで手を出してしまっては，子どもの可能性を閉ざしてしまう。
　また，障がいをもった子どもが着替えたり遊んだりするときに，クラスの子どもたちが手伝ったり，介助したりする。そのようなとき，保育者が，「えらいわね。○○君が手伝ってくれて，先生助かるわ」と賞賛すると，子どもの中に「先生に褒めてもらう」といった別の動機が生まれ，仲間を助けるという本来の目的を失ってしまう。
　子どもが本当に必要としていることを援助し，行き過ぎた援助をひかえるように保育することで，障がいをもった子どもも，周りの子どもも育っていく。本章では，脳性まひの子どもに対する援助の

あり方を考えることによって，保育者が自らの関わり方を振り返り，また，クラス全体の仲間関係を見直すきっかけとなった事例を紹介する。

1　ユミの育ちと相談の経緯

ユミは，生まれてすぐに脳性まひであることがわかり，医療機関や療育機関で専門的なケアを受け，1歳の春に，保育園に入園することになった。保育園では，これまで脳性まひの子どもを受け入れたことがなかった。そのため，ユミの入園が決まると，専門書を読んだり，勉強会を開くなどして，障がいについての理解を深めようと努力した。しかし，難しい専門書からは，保育に活かせるアドバイスはほとんど得られず，手探りの中，新年度の保育がはじまった。

保育園は，市街地から少し離れた，落ち着いた住宅地にあり，0歳から5歳まで，100名の子どもが生活をしていた。1歳児クラスは，16名の園児に対し，保育者5名（その内，ユミの担当として1名），2歳児クラスでは，園児16名に対し，保育者4名（1歳児クラスに引き続き，同じ保育者がユミを担当した），3歳児クラスでは，園児20名に対し，保育者4名（そのうち2名が，交代でユミを担当した）が保育にあたっていた。

脳性まひの子どもは，生活の様々な場面で保育者や仲間の援助を受けることが多く，手伝ってもらうことに慣れてしまうと，自分でやろうとする意欲を失ってしまう。1歳児の巡回相談では，保育者は，ユミがなかなか自分から動こうとしないことを心配していた。保育を観察する中で，保育者の「動いて欲しい」という気持ちが強く出ている場面では自分から動こうとしないが，ユミ自身が「動き

たい」場面では，自ら這って移動することが見えてきた。このことから，保育者の都合でユミを動かすのではなく，ユミ自身が「動きたい」と思える場面を作ろうということが確認された。

　障がいをもつ子どもを保育していると，なかなか遊びが広がらない時期というのがある。2歳児クラスでは，ユミはブランコばかりして，保育者が他の遊びに誘っても，なかなか目を向けようとしなかった。担当保育者の田村先生は，このままで良いのか不安を感じながら保育を続けていた。巡回相談では，ユミにとってのブランコの楽しさを理解し，共感することの大切さが話し合われた。

　障がいをもつ子どもを，周りの子どもがお手伝いする姿は，一見すると微笑ましい。ただし，子どもによっては，保育者に「注目して欲しい」，「褒めてもらいたい」といった思いを持って手伝っている場合がある。3歳の巡回相談では，手伝いをしている子ども自身が，何らかの援助を求めているのではないか，という視点から，子ども集団全体が抱える課題について話し合われた。そして，3歳児クラスの終わりには，とても自然な援助が見られるようになった。

2　保育者自身の援助を振り返り，集団活動の意味を問い直す

　入園当初，ユミは体調を崩して保育園を休むことが多かった。保護者から，「今日は体調がよくない」ということを聞くと，保育者は午睡中に口元に手をかざし，ちゃんと息をしているか確認するほど，不安を感じていた。1歳児クラスの冬になると，体調を崩すことは少なくなり，元気に登園する日が増えていた。最初，おそるおそる対応していた保育者も，遅れがあっても，他の子どもと変わら

ない部分は沢山あることがわかるにつれて、のびのびと保育できるようになっていた。

　また、1歳児の夏（初回）の巡回相談以降、ユミへの対応を田村先生に任せきりにせず、クラスの保育者が積極的に関わるように保育体制を工夫した。田村先生は、仲間の協力が得られるようになり、また、ユミ以外の子どもと関わる機会が増えたことで「クラスでの居心地」が良くなったことによって、安心して保育できるようになっていた。

　一方、ユミは、日常生活では、時折、寝返りをうって姿勢を変え、腹ばいで這う姿が見られたが、なかなか自分で移動しようとせず、田村先生が抱きかかえ、移動することが多かった。保育者たちは、どうすれば、自分で動こうという気持ちになるか、その方法がわからずに困っていた。そのような中、冬（2回目）の巡回相談が実施された。

朝の会での名前呼び

　担任の小宮先生が、「朝の会を始めます。一人一人名前を呼ぶからお返事してね」と言うと、子どもたちは壁に背をつけ、自分の名前を呼ばれるのを待った。ユミは、教室の端に座っていたが、周りの子ども達が並び始めるのを見て、這って列に加わった。

　名前を呼ばれると、手を挙げて大きな声で「ハイ！」と答える子どももいれば、恥ずかしくて声が出ない子どももいたが、田村先生は、一人一人の名前を呼びながら、言葉をかけていった。ユミの順番では、手を挙げて返事をすることはなかったが、皆の視線が自分に向いていることがうれしく、満面の笑みを浮かべて、周りを見渡

していた。

テラスでのブービーカー遊び

　朝の会が終わり，2階のテラスで遊ぶことになった。この時期，多くの子どもがブービーカーに乗れるようになり，取り合いになるほど毎日夢中で遊んでいた。

　テラスでは，子どもたちが，それぞれ気に入ったブービーカーを選んで走っており，ユミはその様子をテラスの入り口から見ていた。田村先生はその姿を見て，「ユミちゃんも，ちょっと乗ってみようか？」と声をかけたが，ユミからは，「乗る」とも「乗らない」とも返事はなかった。田村先生は迷いながらも，ユミをブービーカーに乗せ，後ろから押していたが，ユミは表情を硬くしながら，押されるがままにテラスを走っていた。

カンファレンス

　カンファレンスではまず，ユミがなかなか自分から動こうとしないことが話題になった。田村先生は，「入園してから，ずっと私が抱っこしてるでしょ。ユミちゃんにとって，抱っこしてもらうのが当たり前になっているみたい。『お外に行くよ』って言っても，自分では動かずに，私を見て抱っこを求めてくるんですよ」と悩みを訴えた。相談員は，朝の会や自由遊びのときに，ユミが自分から這って仲間の側に行こうとする姿を何度か目にしており，このように依存的になる場面と，自分で動こうとする場面を整理する必要があると感じた。そのことを提案すると，担任の小宮先生は，「例えば，トイレなんかは自分では行かない。嫌いな場所だから，行きたくな

いのかもしれない。そういえば，好きな友達のところまで，這って行くことはある」と，日常の姿を報告した。それを聞いて，相談員は，"ユミがしたい活動"では，自分で動くけれど，"保育者がさせたい活動"では，なかなか動こうとせず，保育者に頼ろうとするのかもしれないと考え，その見立てを伝えた。田村先生は，「活動に乗せることに気持ちがいっちゃうと，ユミが興味を持っているのかどうか，ちゃんと確認しないまま，抱っこして移動してしまうことがあります。こちらのペースで動かそうとすることで，動けない子にしていたのかもしれないですね」と，自らの関わりを振り返った。

相談員からは，「移動した先で，楽しいことが待っていなければ，誰も動きたいとは思いません。朝の会のように，期待が持てる活動，楽しめる活動を増やすこと，ユミが動きたいと思う場面を増やすことが大切なんじゃないでしょうか。保育を見ていると，そういう気持ちが表れている場面がいくつもありました。もう一度，保育を振り返って，整理してみてはどうでしょうか？」と助言した。

次に，相談員は，ブービーカーで遊んだ場面を紹介した。すると田村先生は，「あの場面は，乗せようか，乗せるまいか，とっても迷ったんですよ。ユミにはまだ，ブービーカーは難しいとは思うんです。ただ，ユミだけ別の遊びをさせるのはどうかな？と思って。あれは強引だとは分かってはいたんだけど……。他の子どもたちと別の活動をしてもいいんでしょうか。正直迷っているんです」と言って苦笑いをした。

相談員も田村先生と同じく，ユミがブービーカーに乗るのはまだ難しいと感じたことを伝えた。また，テラスで遊んでいた子どもたちも，全員がブービーカーに乗っていたわけではなかった。同じ遊

びをさせることが大切なのではなく，一人一人にあった遊びを提供することが大切なのではないか，という意見を述べた。

保育者からは，「みんな同じようにやらせる必要はないということを聞いて，ほっとしました。ただ，みんなでいる時間を楽しめるように，できるだけの工夫をしたいと思います」ということが語られた。

巡回相談が終わり，ユミと周りの子ども達が，一緒にいる時間や空間を楽しむためには，どういった工夫が可能か話し合った。そこで，テラスにござを敷き，そこではユミにあったおもちゃを用意し，他の子ども達も自由にその中に入れるように工夫することになった。

3　遊びを広げることと遊びを認めること

2歳児クラスの後半になると，園庭で仲間が遊んでいる姿を指さして，田村先生に連れて行ってもらうように要求するようになった。ただし，ユミは園庭に出るといつもブランコに乗りたがり，田村先生がそのほかの遊びに誘っても，なかなか遊ぼうとしなかった。田村先生は，ユミが遊びたいという要求を出すようになったことは喜んでいたが，どのようにしたら遊びの幅を広げることができるのか，悩んでいた。そのような中，2歳児クラスの1月に4回目の巡回相談が実施された。

ブランコ遊び

田村先生が，「ユミちゃん，何して遊ぶ？」と聞くと，ユミはブランコを指さし，連れて行くように要求した。田村先生がわざと，「滑り台？」と聞くと，首を振って否定し，再びブランコを指さし

た。田村先生は、仕方ないなぁといった表情で、ユミをブランコに連れていった。周りの子どもたちは、何度かブランコに乗ると、別の遊びに移るのだが、ユミはブランコから離れようとしない。田村先生は、「じゃあ、次は滑り台しようか？」と言うが、ユミは首を振って抵抗し、何度もブランコに乗ることを求めた。田村先生は、「まだやるの……」と言いながら、ユミの遊びに付き合っていた。

カンファレンス
　ユミがブランコからなかなか離れなかったエピソードを紹介すると、田村先生から、「実は、ここ2, 3ヶ月、ブランコばかりしているんです。私はもう少し他の遊びも経験して欲しいから、いろいろと誘ってみるんだけど、いつも断られてしまう。本人は楽しそうにしているけど、このままで良いんでしょうか？」ということが訴えられた。
　相談員は、前回、2歳前半の巡回相談のときに、「遊びの幅を広げる必要がある」と助言していた。しかし、この助言が、「たくさんの遊びを身につけさせなくてはいけない」、という田村先生の焦りを助長してしまったのではないかと反省した。運動に制限があるユミにとっては、からだ全体が大きく動くブランコは、毎回がとても新鮮なものに感じられるのかもしれない。だとすると、大人が遊びを広げようとすることは、ユミの遊びの邪魔をしていることになる。
　そこで、相談員は、「ブランコは、一見すると、繰り返しの遊びであり、遊びが広がっていないように見えるけれど、ユミにとっては一回一回が、新鮮な体験であって、今は一つの遊びを深めること

を重視した方が良いかもしれない」という新たな解釈を提案した。そこで，遊びを広げるという課題は一時保留し，ユミの遊びに付き合ってみる，という方針が立てられた。ただし，同じ保育者が遊びに付き合っていると，お互いに新鮮さがなくなってしまう。田村先生以外の保育者も積極的にユミを関わるようにし，それぞれの保育者の発見を出し合おうということになった。

その後，2歳児クラスが終わる頃まで，ブランコ遊びは続いた。しかし，それまで手足に砂がつく感覚が嫌で，あまり取り組まなかった砂遊びや，ままごと遊びが楽しめるようになるにつれて，ブランコに費やす時間は徐々に減っていった。

4　自然な援助とは何かを考える

ユミのいる保育園は，0，1，2歳児は2階の教室，3，4，5歳児は1階の教室を使っている。例年，4，5歳児クラスの子ども達は，同じ1階に新しい3歳児を迎えたことが嬉しく，世話をやく子どもが多くなる。保育者たちは，3歳児に進級すると，ユミを赤ちゃん扱いする子どもが出てくるのではないかと心配していた。

4月になると，保育者の心配していたとおり，ユミの手伝いをしたがる4歳児や5歳児が出てきた。また，クラスの中にも，ユミの手伝いをしたがる子どもが増えてきた。保育者たちは，ユミが周りの子どもに手伝ってもらうことが増えるにつれて，様々な場面で依存的になっていることを気にしていた。そんな中，3歳児クラスの7月に5回目の巡回相談が実施された。

朝の自由遊び

　朝の会が始まるまでの時間，ユミは田村先生と向かい合い，ボール遊びをしていた。両腕の間にボールを挟み込み，前に押し出すと，上手に転がすことができる。ただし，転がってくるボールを拾い上げることはできず，ユミの腕をすり抜けてしまう。ケンタとヒロミは，ユミがボールを落とすと，すぐに拾いに行き，ユミや田村先生に渡しに来た。田村先生が，「ケンタ君，ヒロミちゃんありがとうね」と言葉をかけると，ますます嬉しそうにボール拾いを繰り返した。

外遊びでの三輪車

　朝の会が終わり，園庭に出て遊ぶことになった。小宮先生が，「外に行って遊ぼう」と言うと，子どもたちは一目散に目当ての遊具に向かった。この時期，ユミは三輪車が気に入っていた。まだ自分ではこぐことは出来ず，保育者や仲間に後ろから押してもらい，園庭を散歩することを楽しんでいた。

　ユミは外に出るために装具を付ける必要があり，また，保育者に抱えてもらい，遊具のある場所まで連れて行ってもらわなければならないため，遊び始めるまでに時間がかかる。そのため，他にも三輪車に乗りたい子どもがいると，先に持って行かれてしまう。この日はとくに三輪車の人気が高く，ユミが外に出たときには，全ての三輪車が使われてしまっていた。田村先生が「残念だね。順番変わってもらうように，お願いしようか？」と聞くと，その様子を見ていた4歳児クラスのヨシトが「ユミちゃん，はいどうぞ」といって，自分の乗っていた三輪車を譲ってくれた。田村先生は，「ヨシト君，

ありがとうね」と言って,ユミの乗った三輪車を押して園庭を散歩した。三輪車を貸したヨシトは寂しそうに園庭をうろうろと歩いていた。

カンファレンス

カンファレンスでは,子どもたちのお手伝いをどのようにとらえるかが話題になった。まず,朝の自由遊びで,ケンタとヒロミはどのような気持ちで,ユミのボールを拾っていたのかを話し合った。田村先生は,「ケンタとヒロミは,普段からお手伝いをしてくれるんです。今日はとくに,相談員の先生方が見に来ていたので,良いところを見せたかったのかもしれません」と当日の様子を振り返った。また,別の保育者は,「この2人は,大人に関わりを求めてくることが多いんですよね」と普段の様子を報告した。

相談員は,4歳児クラスのヨシトが,三輪車を貸した後に見せた寂しそうな表情が気になっていた。そのことを保育者に話すと,「ヨシトは,風邪を引いた後で,プールに入れなかったんです。ユミに自転車を貸すことで,気持ちを紛らわしていたのかもしれませんね」と,ヨシトの手伝いの意味をとらえていた。相談員は,「ユミに対して援助している彼らこそ,援助を求めているのかもしれませんね」と助言した。

そこで,お手伝いをしてくれる子どもを過度に賞賛しないように気をつけ,繰り返し手伝いをしようとする子については,その子どもの背景を含め,丁寧に様子を見ていくことになった。また,保育全般において,一人一人の子どもが,納得できる遊びを見つけられているか,充実した生活を送ることが出来ているか,もう一度注意

して見ていく必要がある，ということが話し合われた。

その後の様子

　3歳児クラスの1月の巡回相談では，依然としてユミの手伝いをしたがる子ども達はいたが，その数や頻度は以前と比べてかなり少なくなった。また，次のようなとてもさりげない援助が見られるようになった。

　体操の時間が終わり，トイレをすませた子どもたちは，目当てのおもちゃで遊ぶため，大いそぎで教室に戻ってきた。小宮先生が，「みんながそろうまで，待ってようね」と声をかけると，子どもたちは，近くの仲間と話をしたり，行儀よく体操座りをしたりして，全員が揃うのを待っていた。

　ユミの生活する3歳児クラスの教室は，トイレから一番離れており，行って帰ってくるだけでも，かなりの時間がかかる。ユミが最後に教室に戻って来たときには，子ども達が固まって座っており，ユミの座るスペースがなかった。ユミは仕方なく，教室の入り口でもぞもぞとしていた。ケンは，その姿を目にすると，すっとお尻をずらし，ユミに座る場所を知らせた。小宮先生は，ユミが座るのを確認すると，穏やかな口調で，「全員そろったね。じゃあ，遊ぼう」と声をかけた。

5　まとめ

子どもの思いを実現させるための援助

　当初保育者たちは，自分から外に出ようとしないユミを，抱きかかえて連れ出していた。保育者は，ユミが自分で移動している姿を

日常的に目にしていたが,「目的の場所まで移動させないといけない」と思うあまり,ユミが自分で動けることが見えなくなっていた。

　援助は,一人ではかなえられない子どもの思いを実現するためにするものである。ただし,このような意志が十分に育っていない子どもにとっては,意志や思いを育てることも,援助の一つといえる。そのことに気づいた保育者達は,できるだけ,ユミが動きたくなるような場所を増やすこと,また,動きたくなるような言葉かけを行うようにした。また,やむを得ず保育者が抱き上げるときには,「トイレに行くよ。抱っこして良いかな?」と言葉をかけ,ユミの反応を待ってから移動させるように工夫した。

他の人と同じことをすることが参加ではない

　一人一人の子どもが打ち込める遊びがあると,それぞれの子どもが,別々の遊びをしていたとしても,その空間に活気が生まれる。1歳児クラスで,保育者は,ユミにはまだ難しいと考えながらも,一人だけ違う遊びをさせるのは良くないと思い,ブービーカーに乗せていた。しかし,それはユミにとっても,後ろから押している保育者にとっても,楽しめる遊びではなかった。

　同じ活動をすることが,子どもにとってかならずしも良いわけではないことに気付いた保育者は,ユミが楽しめる遊びをテラスに準備し,そこに他の子どもが出入りすることが出来るように工夫した。このことは,結局はユミに限らず,他の子ども達にとっても,幅のある遊びが準備されるという配慮につながった。

子どもの体験に寄り添うことと，遊びの幅を広げること

　障がいのある子どもを保育していると，担当の保育者が「私が何とかしなければ」という責任感から，負担を抱え込んでしまうことがある。同じ保育者が継続的に関わることは，大人との信頼関係を築くためには大切だが，子どもにとっての刺激は単調になり，新たな遊びへの好奇心も生まれにくくなる。また，担当の保育者は，「私が頑張らなくてはいけない」というプレッシャーを一人で背負い，子どもの体験に寄り添うことが難しくなる。

　ブランコという一見すると同じに見える遊びでも，遊ぶ相手によって，遊び方は少しずつ異なり，子どもの体験も違ってくる。ユミの事例では，担当保育者である田村先生だけでなく，周りの保育者たちが積極的にユミに関わるようになった。これは，田村先生の負担を減らすだけでなく，ブランコを通した，より豊かな遊び体験へとつながった。

　また，他の保育者がユミと関わっている時間，田村先生は他の子どもと関わることが出来た。これをきっかけにして，それまで「ユミちゃんの先生」であった田村先生が，「わたしたちの先生」になったといえる。これは，その後の，仲間関係が広がるきっかけになったと考えられる。

　当初，相談員は，「活動の幅をひろげるために，出来るだけ多くの遊びに触れられるように配慮して欲しい」と助言していた。ところが，この助言は，保育者のあせりを助長し，ユミの遊びに共感的に関わることを困難にしてしまった。2歳後半の巡回相談では，「自分の助言が，保育者や子どもを苦しめてしまうことがあるんだな」と相談員の責任の大きさを痛感した。また，担当保育者だけで

なく，様々な保育者がユミと関わる姿を目にして，クラス全体，保育所全体で協力体制をつくることの大切さを実感した。

お手伝いに込められた子どもの思い

　必要以上に障がいをもつ子どもの世話を焼いたり，手伝いをしようとする子どもがいる。このような子どもは，保育者に褒めてもらう，あるいは感謝されることによって，自分の気持ちを満たそうとしている。実は，そのような子どもたちこそ，援助を求めているのである。

　進んでユミの手伝いをする子どもに対して，「自分で出来るから，お手伝いしなくて良いよ」と，援助そのものをやめるように言っても，子ども達の気持ちは満たされない。保育者は，お手伝いをして褒めてもらわなくても，満ち足りた気持ちになれるような活動を提供する必要がある。3歳児クラスの後半に，周りの子どもたちがユミを自然に援助するようになったことは，保育者が一人一人の気持ちを大切にして，保育に取り組んだ結果といえる。

コラム　巡回相談と専門機関

　巡回相談に行くと専門機関に通っているお子さんに出会うことがあります。また,「専門機関につなげて欲しい」という先生の訴えを聞くことがあります。

　専門機関とは, 主に病院や地域の療育センター (発達支援センター) を指します。医師や心理士, 言語聴覚士 (ST), 理学療法士 (PT), 作業療法士 (OT) といった専門家による相談や療育を受けることができる場所です。多くの場合, 初回面接があり子どもの発達の評価 (多職種で行うこともあります) を行い, 医師の診察を得て方針が決まることになります。その後の利用の仕方は, 週1回・月1回程度の個別指導やグループ指導, 半年に1回程度の医師の診察など形態は様々です。保護者と子どもがその機関に定期的に出向いて, 保護者が気になることを相談し, 子どもの発達の確認, 指導を行います。

　専門機関では, 子どもに合わせて認知指導や言語指導といった療育を受けることができます。対人緊張を緩和したり, 自信をつけたり, 丁寧な言葉のやりとりを通して良い経験を積み上げるきっかけを作ることができます。また保護者が子どもの発達について相談でき, 特徴を整理し把握しやすくできるように助言を受けることができます。普段とは違う子どもの姿を見て, 保護者が子どもの新しい側面に気づくことができ, そこから関わりのヒントを得られる場ともいえます。

　しかし, 専門機関に通うということは, 子どもを始めとした家族全体に負担を強いる可能性もあります。保護者にとって出向く時間が必要になることや, 場所によっては経済的な問題も出てきます。また, 保護者が専門機関での相談を必要と感じているかどうかが重要となってきます。巡回相談の中で, 相談員は必要に応じて専門機関の情報提供を行うことがあります。しかしあくまで, 保護者自身が必要性を感じ, 目的を持って通うことが前提となります。

　専門機関での療育は発達支援の一翼を担うことができても, 決して万

能ではありません。巡回相談では専門機関で目の届きにくい現場の姿を直に捉え環境を整えることができ，また専門機関では集団の中で取りこぼしがちな子どもの苦手さを丁寧に支えることができます。子どもの発達や問題の所在に合わせて適切な発達支援の形態を築いていくことが必要です。巡回相談と専門機関での相談は，単純にどちらがよいといえるものではありません。それぞれが互いに補完しあう部分を持っています。子どものニーズや取り巻く環境に合わせて支援を構築していくことが望ましいといえます。　　　　　　　　　　　　　　　　　　　（飯野雄大）

第5章　友だちへの淡い関心を関わりへと育てた保育

芦澤清音

　園庭に，ぽつんと離れていつも一人で遊んでいる子。保育者が近づくと，迷惑そうにどこかに行ってしまう子。「いっしょに遊ぼう」と声をかけてもまるで聞こえていないように黙々と遊び続ける子。そんな子どもの後姿に，保育者は，「○○ちゃんは，お友だちと遊ぶより，一人で遊ぶのが好きなのね」とそっとつぶやいて，少し離れたところからその子を見守る。その結果，子どもは，ますます，他の子どもと関わることが少なくなり，子どもたちと一緒に遊ぶ楽しさを知る機会を失ってしまう。

　しかし，その子どもは，一人でいることが一番楽しいと思っているわけではない。何らかの原因で，「友だちと一緒にいることがここちよい，友だちと関わって遊ぶことが楽しい」という経験をしてこなかったために，一人遊びしか知らないのだ。表面には現れにくい子どもだちへの関心に気づき，その思いを実現するように関わりを工夫し，保育環境を調整していくことで，子どものなかに，「友達といっしょにいることがここちよい，いっしょにいることが楽しい」という気持ちが徐々に培われ，子どもは次第に遊びの輪に入り，集団に位置づいていく。

ここで紹介するえりは，4歳児クラスに入園した女の子である。入園当初，多動で，子どもたちにもクラスの活動にも関心を示さず一人で動きまわっていた。

　保育者は，「えりは，友だちといっしょに遊ばない子」と考え，危険のないように見守っていた。巡回相談をきっかけに，保育者は，えりが，実は，他の子どもたちに関心を持っていることに気づき，いずれ遊びや集団の活動に入るだろうという見通しをもつことができた。そして，具体的な保育目標をたてて実践していった。

　やがて，えりは，特定の子どもと仲良くなり，他の子どもたちへと関心を広げ，クラスに位置づいていった。友だちといっしょにいたい，いっしょに遊びたいという気持ちが，日々の集団活動への関心につながり，えりは，クラスの一員として，みんなと一緒に生き生きと活動するようになった。

　ここでは，保育者がえりに対する見方を変え，保育を見直し，実践していくことで，えりがクラスの子どもの中に位置づいていく様子を2回の巡回相談を通して見ていくことにする。

1　友だちと遊ぶように働きかけることに迷う

　えりは，家族の引っ越しにともなって，4歳児クラスに入園してきた。入園に先立ち，園長，主任保育士，担任が母子を面接したところ，えりの次のような姿がみられた。母親の制止をきかず，部屋を出て，園内や園庭を歩き回る。目に付いたものに手当たり次第にさわる。水道をいじって水遊びをはじめる。母親に注意されると、怒って母親をたたき，嚙み付く。面接に立ち会った園長と担任らは，そのような行動に驚き，特別な配慮が必要な子どもだと判断した。

そこで，入園当初から園全体で支援する体制がとられることになった。

具体的には，4歳児クラスの2名の担任のうち，1名が週代わりでえりに個別対応をすること，夕方の延長保育の時間に園全体の保育者が当番制でえりに個別対応をすることであった。

このように，入園当初からえりの存在が園全体に周知されたことで，担任の心理的な負担は軽減されたものの，保育上の困難や負担は依然としてかなり大きかった。

入園直後のえりは，集団の活動に関心を示さず，部屋の中では，いすにじっと座っていることがなく，保育室からすぐに出てしまった。園庭では，遊びの輪に入ろうとせず，一人で滑り台や砂場で遊んでいた。他の子どもとはほとんど関わりがなく，関心がないように見えた。担任がえりの行動を制限すると，奇声をあげて，担任をたたいた。

保育者は，そのようなえりの行動にとまどいながらも，他の子ども達と一緒に行動するように熱心に促していった。当時の保育記録には，「集団行動になれていないため，友だちとの関わりをこばみ，室内から一人で出ていこうとする姿が多く見られた。その都度，出ていかないように知らせ，皆と同じように過ごさせるように働きかけていった」と記されている。

えりは，排泄以外の生活習慣がほとんど自立していなかったため，担任は，とにかく生活習慣だけは身につけてほしいと思い熱心にかかわった。とくに食事には苦労したが，あきらめずに根気よくかかわった。えりには，極端な偏食があり，固いものをいやがった。担任は，乳児食のように，細かく食べ易くし，色々な食べ物の味と食

感が味わえるように工夫した。また，楽しく食べられるように声かけをしたり励ましたりして，食べることへの意欲が育つように関わっていった。

たくさんの，丁寧な個別の関わりによって，えりは短期間に生活習慣に関する行動を獲得していった。

その一方で，担任がいくら誘っても，えりは，クラスの子どもたちの遊びや一斉活動に関心を示さず，遊びの輪をさけるように単独で行動した。

このような様子から，担任は，無理に他の子どもたちと一緒に行動させることは，えりにとってよいことなのだろうか，好きなように一人遊びをさせておいた方がよいのではないか，と対応に迷いを感じ始めた。

担任は，えりの発達の状態に応じた対応を知りたいと思い，巡回相談を申し込んだ。

2　友だちへの関心に気づく

えりが入園して2ヶ月ほど経過した9月に初回の巡回相談を実施した。夏期保育が終り，運動会に向けた練習が本格的に始まる時期であった。以下は，運動会の練習場面でのえりの様子である。

年中児と年長児が園庭にでて，整列の練習が始まっていた。えりは，担任に手をつながれて列の後ろに並んだ。ところが，音楽がなり始めると，えりは，担任の手を振りほどき，カセットテープレコーダーに向かって走っていった。レコーダーの前で，一瞬立ち止まると，そのまま滑り台をかけ上がり，子どもたちが並んでいる園庭を見下ろして奇声をあげた。えりは，遠くから子どもたちの姿を見

て楽しんでいるようであった。担任は滑り台の下から「えりちゃん，降りてきて」と呼びかけたが，えりは，聞こえていないかのように無反応だった。担任は，そばにいた相談員に，「こんなときは，滑り台から降ろした方がいいんでしょうか」と困惑した表情で問いかけた。その表情から，担任が，えりへの関わりについて悩んでいることがうかがわれた。

この時点で，えりは，自分が活動の主体になるのではなく，子どもたちの活動を観客として眺めて楽しんでいるようであった。大勢の子どもたちの中に入ることへの不安や抵抗なのか，あるいは，子どもたちと一緒に行動することが楽しい，一緒に行動したいという気持ちが育っていないのか，様子を見ることにした。

しばらく子どもたちの様子を見ていたえりは，自分から滑り台を降りて，園庭のすみの砂場に走っていった。砂場では，2歳児クラスの子どもたちが砂遊びをしていた。えりは，その中で黙々と砂で型をつくり始めた。そのとき，整列の練習を終えた年長の子どもたちの一群が砂場周辺に来てままごとを始めた。えりは，皿や茶碗が並んだ木のテーブルに近づき，子どもたちの間に割りこもうとした。

えりは，子どもたちの活動に関心があり，自分もやってみたいという気持ちを持っているようだった。その様子は，友だちへの関心が強くなる2歳児が，自分の気持ちのまま一方的に相手に関わり，トラブルになってしまう姿に似ていた。

子どもたちが，えりを制止しようとしたとき，年長の男の子が「えりちゃん」とやさしく話しかけた。すると，えりは，笑顔で，男の子にゆっくり近づいた。男の子は，えりの肩をそっとたたいて，小さな子にするようにえりに話しかけ，えりは笑顔でうなずいてい

た。

　その男の子とえりとの関わりは以前からあり，えりは，男の子の穏やかな関わりを好んでいるようだった。えりは，このような関わりであれば，安心して受け入れるようだった。

　年中クラスの徒競走の練習が始まっていた。二人一組でバトンを持って走り，三角コーンでUターンして戻る徒競走だった。この活動であれば，注意がそれやすいえりでも，ペアを工夫することで競技に入ることができるかもしれないという期待をもって，担任がこの競技を取り入れたのだった。しかし，えりはそれまで一度も競技に入ったことはなかった。競技の練習が始まり，担任が砂遊びをしているえりに「えりちゃん，みんなと一緒に走ろう」と何度か声をかけたが，えりはその声に反応せず，砂遊びを続けていた。

　ままごとに割り込もうとした様子と男の子との関わりから，えりは子どもたちの活動に関心があり，自分もやってみたいという気持ちを持っていること，子どもと関わることが心地よいと感じる気持ちを持っていることが推察された。しかし，これまで仲間と一緒に遊んだ経験が少なく，上手に関わりが持てないのではないだろうか。そう考え，相談員は，砂場でえりを見守っていた担任と話をして，一度，えりを競技の練習にいれてみることにした。

　担任が，えりの手をとって，年中児の競技のところに連れて行こうとすると，えりは，最初担任の手を振り払おうとしたが，競技をしている子どもたちの姿が目に入ると，担任に手をひかれて，順番を待つ子どもたちの列の後ろに並んだ。順番がきて，えりは，ペアの女の子にリードされる形で走り出し，2人並んでゴールすると，再び滑り台に駆け上って台上で奇声をあげた。2巡目には，担任に

促されて滑り台から降りると、ペアの女の子をリードして走りきり一緒にバトンを持ってゴールした。

この場面から、えりは、活動に注意が向けば、子どもたちと一緒に活動を楽しむことがわかった。

3 観客から活動の主体者になる可能性を知る

観察後の午後のカンファレンスには、園の職員がほぼ全員出席した。まず、担任や主任らから、入園からそれまでの保育の取り組みが語られた。担任2名は、保育経験の浅い若い保育士たちであったが、保育について日常的に話し合い、クラスとえりの保育を行っていた。2ヶ月間の保育で、生活習慣については、えりの行動にかなり変化がみられていたが、集団行動、遊び場面、クラスの子どもへの関わりなどにおいては変化が見られず、保育の見通しがもてないことへの不安と危惧が語られた。

保育を振り返る

カンファレンスで、相談員は、砂場でのえりの様子を伝えた。また、えりがこれまで一度も入ったことがない徒競走の練習で、友達と一緒に走ったエピソードについて皆で話し合った。他の子どもと一緒に走ったという事実は、担任だけでなく同席した保育者達にとっても大きな発見であった。

砂場の様子から、えりが、他の子どもたちがしていることに関心を持っているのがわかった。砂場で、年長児がままごとをしているところに、えりが割り込もうとしたのは、一緒に遊びたかったからだが、入り方がわからず、1，2歳の子どもがするような一方的な

やり方で無理に割り込んでしまった。また，年長の男の子との関わりは，えりが子どもと関わる心地よさを求めていることを示している。話し合いを通して，保育者たちは，えりの心の内面に気づいていった。

運動会の練習で一緒に走ったのは，今まで観客だったえりが，活動の主体者となった瞬間だった。担任が手をひいて子どもたちのすぐそばにつれていったことで，徒競争は，砂場でのままごと同様，えりの目に魅力的にうつり，身近な興味の対象となった。そして，えりの中に，「一緒に走りたい」という気持ちが芽生えた。

保育者らは，えりの内面に気づき，保育の中で，その気持ちをどのように実現していけばよいのか話し合っていった。

保育者らの意見交換を通して，担任は，次のような方針を立てた。

まず，担任が支えになって，えりを中心とした小さな集団を作り，仲間といることの心地よさを体験することから始める。生活習慣の獲得のために行ってきたように，粘り強く友達と関わるきっかけを作る。

担任は，えりの表面的な行動にとらわれず，内面の人への関心を理解することが重要だと気づき，えりが変化する可能性を信じ，保育の見通しと意欲を持つようになった。

4　大好きな友だちができる

保育者からの聞き取りと，保育日誌から，巡回相談後のえりの変化を紹介する。

個別に関わっていくこと，他の子どもと関わりを増やしていくこと，根気よく活動に誘っていくことが保育の目標となり，保育の取

り組みが始まった。

　具体的には、担任はまず、えりと一対一で遊ぶことから始めた。やがて、自由遊びの時間にえりと担任がままごと遊びを始めると、自然に2、3人の子どもが集まってくるようになった。えりは、その中のみかに、興味を示すようになった。

　みかは、クラスの中でもっとも月齢が小さく、えりが入園するまで何事にも一歩遅れてしまうため、クラスの子どもたちから世話をされることが多い子どもだった。

　えりは、急速にみかに関わっていくようになった。「みかちゃん、あそぼ」と話しかけ、散歩では、みかと手をつなぎたがった。午睡時は、「みかちゃんのとなりがいい」と担任に訴えた。えりの積極的な関わりをみかは嫌がらず自然に受け入れていた。担任は、えりがクラスの子どもたちに関心をもち、関わりたい気持ちが強くなったことがうれしかった。みかに、「えりちゃんは、新しいお友だちだからいろいろ教えてあげてね」と話し、えりとみかの関係が深まるように促した。みかは、担任の言葉通りえりをリードするようになり、クラスの中で、えりのお姉さん的存在として認められるようになった。このことは、みかの自信になり、みか自身の成長にもつながった。

　やがて、えりは、みか以外の子どもたちとも関わるようになり、子ども同士の関係が急速に広がっていった。そして、そのころには、えりが部屋をとび出すことが少なくなった。

5　みんなが行事を楽しむ保育を工夫する

　11月の初め頃には、えりは集団の活動に入ることをいやがらなく

なってきた。その頃，年末のクリスマス会で発表する歌と合奏の練習が開始された。えりは，楽器に興味をもち，積極的に練習しようとするのだが，タンバリンや鈴など，どの楽器を持ってもじっとしていられず歩き回るという問題がおこってきた。担任に注意されると慌てて自分の持ち場にもどるが，すぐに同じように歩き回ってしまう。えりの行動によって，他児が集中できなくなってきた。

そこで，担任は，えりに固定楽器を担当させることにした。楽器を固定することで，えりの動きが制限できると考えたのだった。担任が思った通り，えりは足をばたつかせながらも自分の持ち場を離れることはなかった。担任は，えりの出番を最後にすることで，えりが期待感を持続しやすいように配慮した。本番では，えりは，最後まで動きまわることなく，自分の担当パートを演奏した。

担任は，集中時間が短いえりの特徴を理解し，じっとすることを強いるのではなく，無理なく活動に対して気持ちを向け続け，子どもたちと協同で活動する喜びを経験できるように工夫した。それによって，えりは，自分の力を発揮し，クラスの一員として子どもたちと達成感を共有した。

6　クラスの一員として活動を楽しむ

2回目の巡回相談は，1回目の相談から9ヶ月経過した年長クラスの1学期に行った。担任は，2人とも年中から継続してクラス担任となっていた。えりは，大半の活動に参加し，クラスの子どもたちと関わっていたため，担任は，えりへの個別対応を減らし，クラスの他の子どもたちと同じ関わりを始めていた。

朝の会のあと，担任は，「今日の外遊びは何がしたい？」と子ど

もたちに問いかけ，子どもたちが意見を出しあった結果，全員一致で，「ドンジャンケン」をすることになった。えりは大きな声で，友だちを応援しながら列に並んで順番を待った。自分の番が来ると，次々とジャンケンに勝ち，相手ゴールの手前まで進んでいった。えりは，遊びのルールを理解していたが，ジャンケンの勝敗をすぐに判断することができず，周りの子どもたちの「えりちゃんの勝ち！」という声で，自分が勝ったことを知り，前進することが多かった。えりは，あと一人で相手陣地に到達するところで負けてしまった。そのとたんに，つまらなそうに列の最後尾に座り込み砂遊びを始めた。ジャンケンで負けて，意気消沈し，ゲームへの関心が一瞬にして薄れてしまったようだった。そのとき，担任が「えりちゃん，○○ちゃんを応援して！」と少し離れたところからえりに声をかけると，えりは，はっとしたように目を上げ，「○○ちゃん，がんばれ！」と大声で声援を始め，応援という形で，ゲームに加わった。

　自分の番を待つときのわくわくした気持ち，自分の番になり，勝ちすすんでいくときの高揚した気持ちが表情や姿勢から伝わってきた。その間，えりは，ゲームに集中し，気持ちがそれることは一度もなかった。活動の主体者になったとき，子どもは集中力を発揮する。それは，負けた瞬間，えりの気持ちが一瞬にしてゲームから離れていったことからもわかる。そこで担任は，負けたあともえりが目的を持って遊べるように，他の子どもを応援するように声をかけたのだった。

　年長児クラスになると，えりは，生活においては特別な配慮が必要な子どもではなくなっていた。保育室内では，クラスにとけこみ，

集団活動には,ほとんど問題なく入り,クラスの子どもたちとともに活動を楽しむようになった。ただし,注意がそれやすいなどの特徴がすべて解消されたわけではなかった。また,活動や遊びのルールを理解するのに時間がかかることがあった。手先が不器用で,製作や楽器の演奏では担任の援助が必要であった。しかし,苦手な活動にも,いやがらず積極的にとりくむ姿が見られるようになっていった。「みんなと一緒が楽しい」「みんなと一緒にやりたい」という気持ちが,えりの活動への意欲となっていったのだった。

7　巡回相談が果たした役割

巡回相談を通して,担任は,えりが子どもたちに関心を持ち,関わりたいという気持ちを持っていることに気づいた。そして担任は,えりはみんなと関わりながら生活を楽しめる子どもであり,みんなと一緒に楽しみたいという要求を持っているのだと考えるようになった。このように,えりをとらえ直したことで,担任は,保育への見通しを持つことができた。担任の中に,保育への新たな意欲がわき,保育が創られていった。担任の丁寧な関わりと,保育の工夫や配慮によって,集団の活動に関心がない子どもだと考えられていたえりは,みんなと一緒に活動することが大好きな子どもになっていったのである。

保育者は,たとえ経験が豊富であっても,目の前の子どもたちを保育するときに,迷ったり,悩んだりする。この迷いや,悩みが,保育を豊かにするチャンスとなる。悩み,考え,自身の保育を見直し,子どもに向き合い理解しようとする作業を通して,新たな保育が創られ,子どもが育っていく。巡回相談において,相談員は,保

育者の悩みに寄り添い、保育を見直し、子どもを理解する作業を保育者とともに行う。その協同作業において、子どもの理解に新たな視点を加える相談員の専門性は、保育者の気づきを促し、保育者は、保育の主体者として新たな保育を生み出していく。その意味で、巡回相談は、保育者の悩みを解決するのではなく、保育者がどのように悩んでいけばよいのか、悩みの方向性を調整するといえよう。

　事例を振りかえってみると、担任は、えりの入園直後から、食事、着替え、午睡など生活習慣に関わる活動について、丁寧な個別対応を行い、一つずつできるように関わっていった。担任らが熱心に関わったのは、生活習慣が、これからの生活の中で、身につけることが最低限必要だと考えたからである。担任は、これだけは「一人でできるようにしよう」という強い信念を持って取り組んだ。このような活動は、一対一で関わるので、成果が確認しやすく、達成感を得ることができる。「頑張った甲斐がある」という気持ちになることができる。

　一方、遊びや集団の活動に入ることを援助するということは、「〜ができるようになる」という新しい行動を獲得していくものではなく、友達への関心を広げ、人と一緒に楽しみたいという気持ちを育て、遊びや活動の楽しさを味わえるように環境を整えていくことである。かならずしも成果がすぐに現れるわけではない。変化が見えないとき、保育者は、達成感を感じることができず、自分の保育に自信が持てなくなり、迷い、悩み始める。

　この事例で担任は、一人遊びを続けるえりを集団の活動に入るよう働きかけるべきかどうか迷っていた。しかし、えりが、みんなと一緒に活動したいという気持ちをもっていることに気づき、えりを

含めたクラス作りに意欲を持ち，自立的に保育を考え，工夫していった。

具体的には，担任が支えになって，子どもたちと関わる場をつくり，子どもたちの存在をえりが身近に感じるように関わっていった。えりは，みんなと一緒にいること，一緒に行動することを楽しいと感じるようになっていった。また，担任は，えりがクラスの子どもたちと一緒に活動できるようにさまざまな工夫をし，活動をともにする環境を作っていった。例えば，クリスマス会の楽器の演奏のように，えりの特徴を理解し，えりがみんなの中で，自分の力を発揮できるように環境を整えた。

子どもたちは，心の中に，仲間と一緒にしたい，一緒に楽しみたいという気持ちを持っている。その気持に気づき，その内面の要求を実現するように保育を創造していくとき，子どもはクラスの一員として位置づき，活動に生き生きと参加するようになる。

コラム 「気になる子」と巡回相談

　"相手の話が聞けない""じっとしていられずに，たえず動き回っている""気に入らないとすぐに手が出る""集団活動に入っていかない"

　このように，保育者が子どもと接していて，「あれ？　どうして？」と気になる行動を示す，そうした子どもを「気になる子」と呼んでいます。この「気になる子」は，LD・ADHD・高機能自閉症などの発達障害が疑われる場合があり，特別支援教育が推進される中で，この言葉がメジャーなものになりました。その他に，虐待やネグレクトを受けていたり，過度に早期教育がなされている，夜遅くまでゲームをしている，いつも外食している……など，「気になる子」の背景は多岐にわたっています。

　「気になる子」が巡回相談であげられるとき，相談員は，保育観察や発達検査をし，日々の保育での様子，生育歴，家庭背景を保育者に聞きだしながら，子どもの発達像を保育者とともに描いていきます。その結果，その子どもに発達障害や虐待などが疑われても，それだけで問題が解決されるわけではありません。保育者は，その子どもが園生活をより充実させていくために，今，ここでどのような方向性をもって，何ができるのかを知りたいのです。そのため，カンファレンスでは，子どもがどのような状況にあると，気になる状態になるのかを，一つひとつ細かに分析していきます。そのプロセスで，保育者は，自分達でできる配慮や保育の工夫に気づくことが多いのです。アスペルガー障害が疑われる子の事例で，"青い三輪車に執着し，いつもそれに乗っている。他の子どもがそれに乗っていると癇癪をおこしてしまう"という相談がありました。カンファレンスで，その青い三輪車じゃないと気が済まないのか，三輪車に乗って楽しんでいるのか，三輪車がないときはどうしているのか，といったことが論議されました。そして，"青い三輪車を見かけるとそれに執着してしまうが，ないと特定の子どもの側にいる"ことが分かりました。さらに"三輪車に乗っているときは，その特定の子どもを

じっと見ており，実はその子どもと遊びたいのではないか？"という仮説が出てきました。保育者はこの仮説をもとに，その子どもとどうすれば遊べるかに保育の焦点を当てることにしました。

このように子どもの背景にアスペルガー障害があったとしても，それが原因で"癇癪"になるわけではありません。ここでは，"青い三輪車"と"他の子どもとの関わり"という状況によることが分かります。そして，その"青い三輪車"がその子どもにとってどのような意味があるのかを検討し，どのように対応していくかを保育者は考えました。「気になる子」の多くは，気になる背景を持っていますが，周囲との関係で"気になる"ことが出てきます。そこを丁寧に分析していくことで，新たな実践へと導いていく，そのようなことをこの事例で学ぶことができました。 　　　　　　　　　　　　　　　　　　　　　　　（五十嵐元子）

文献

藤崎春代・西本絹子・浜谷直人・常田秀子　1992　保育のなかのコミュニケーション：園生活においてちょっと気になる子どもたち　ミネルヴァ書房

丸山美和子（監修）　大阪保育研究所（編）　2008　保育現場に生かす『気になる子ども』の保育・保護者支援　かもがわ出版

第6章　欠点を指摘し合う子どもたちが，
　　　　お互いを認め合うまでに成長した保育

照井裕子

「どうして子どもたちはわかってくれないのでしょうか？」

「障がいをもっていることを子どもたちに説明した方がいいでしょうか？」

　動きが鈍かったり，ことばが聞き取りにくい子どもは，それを指摘されたりからかわれることがある。指摘され，からかわれる子どもは，消極的になるだけでなく，心まで萎縮してしまう。

　保育者はその様子に心を痛める。そして保育者は，なんとか指摘やからかいをやめさせたいと悩む。その際どうしても，保育者は，指摘やからかいが起きている場面にだけ問題を焦点化して考える傾向がある。そして，いかに指摘やからかいをなくすかという観点から対応しようとする。

　しかし，子どもたちが指摘やからかいを繰り返す背景には，子どもたちが抱えている何か重大な問題があるのが普通である。遠回りに見えても，子どもたちのふだんの姿を振り返ることや，それまでの保育を見直すことが，指摘やからかいが生じる要因を見定め，今後の保育の見通しを持つことにつながる。

　巡回相談のきっかけは，口蓋裂の子どもの聞き取りにくい発言に，

クラスの子どもが,指摘しからかうことをなかなかやめようとしなかったことだった。保育者は,指摘やからかいへの対応を考えることを契機に,クラスの子どもたちがもっている育ちの問題を丁寧に振り返りながら,クラス作りを試みていった。その結果,子どもたちが,達成感をもって活動に取り組み,自分を認め,お互いを認め合うまでに成長する保育実践につなげることができた。

1　あきらめないで話していたアスカが萎縮するようになる
　　　——入園から年長進級まで

　アスカは口蓋裂のため,言葉が聞き取りづらかった。言語の理解と表出内容についても若干の幼さがあった。年少クラスのとき,保育者は,アスカが週明けに話してくれる休日の出来事を一生懸命聞き取ろうとしていたが,なにを言っているのかよく分からないことが多かった。それでも,保育者が聞き返すと,アスカは自分の思いが相手にしっかりと伝わるまで何度でもあきらめずに繰り返して話をした。

　年少の途中に手術を受けて,アスカの言葉は少しずつ聞き取りやすくなり,担任や周りの子どもたちが聞き返すことが目に見えて減っていった。それなのに,年中の後半になると,アスカは相手に聞き返しをされると会話をそこで終わらせたり,自分の伝えたいことが相手に理解してもらえていなくても相手に合わせてあいまいに会話を進めることが多くなった。

　この時期,アスカは水遊びや山崩しなど,その場の雰囲気の盛り上がりを共有する遊びの場面では他の子どもたちといっしょに楽しそうにしていた。ところが,友だち同士が会話をしながら遊びを展

開していくごっこ遊びなどの場面では,その場からすっといなくなり,別の所で一人で遊んでいることが目立つようになった。みんなと一緒に遊んでいたのに,その遊びの流れが変わって,ごっこ遊びがはじまりそうになると,アスカはすぐにその場を離れ一人でジャングルジムや滑り台などの大型遊具で遊び始めるのだった。

会話や遊びの中で見せるアスカの姿を見て,担任だけでなく何人かの保育者は,アスカが自分の言葉が十分に相手に伝わらないこと,うまく発音できないことを強く意識し始めていると感じていた。言いたいことがうまく伝えられないことで,アスカが自信をなくして,友だちとコミュニケーションすることを避けるようになってしまわないかと,保育者は心配した。これらのことが,進級に際して年中の担任から年長の担任に引き継がれ,新学期を迎えた。

2 アスカに対するからかいがはじまる
（初回巡回相談までの経緯）

担任の水森先生は園で一番のベテランで,担任の割り振りに当たって特別に手をかけてあげたい子どもがもっとも多いアスカのクラスを担任することになった。水森先生は,アスカが友だちとコミュニケーションすることが楽しめるようなクラスにしたいと考え,子どもたちにアスカの話したことがよく聞こえるように配慮しようとしていた。

ところが,新しいクラスのスタート間もない時期から,アスカが当番活動や生活発表で前に出て話すときに,「なに言っているかわかんない〜」という指摘とともに,クラス中が笑いに包まれるというような状況が続けて見られた。

水森先生は，子どもたちに指摘されて，アスカが辛そうな表情を浮かべ，何も言えなくなるのを見て，とにかく一刻も早くこの状況をなくさなければいけないと思った。「友だちに指摘やからかいを受けると，どんな気持ちになるかを子どもたちがわかっていないのかもしれない……」と水森先生は考えた。そこで，そのことが理解できるようにと「言われて嫌な言葉」をみんなで考えて出し合わせた。そして，そうした言葉をお互いに使わないようにしようと何度も子どもたちに話しかけていった。

　しかし，子どもたちの雰囲気はなかなか変わらなかった。そういう状況で，水森先生は，子どもたちが「アスカは口蓋裂のため皆と同じように発音できない」ということを理解すれば，もしかしたら状況が変わるのではないかと考えた。しかし，それを子どもたちに話しただけでは状況が変わらないばかりか，かえって悪化するかもしれないと迷い，身動きが取れないと感じていた。

　子どもたちが，アスカのことをきちんと理解してくれるような上手な伝え方はあるだろうかと水森先生が思案している時期に巡回相談が実施された。

3　クラスの育ちを考える（巡回相談の実施）

アスカに対する指摘とからかい

　みんなの前でアスカが当番として話している際，ナオキが「なに言ってるかわからない」と笑い始めたことをきっかけに，「わかんない〜」とクラス中が笑いだすという出来事があった。指摘されたアスカは暗い表情でだまって立ちつくしていた。水森先生は，「ねぇねぇ，バラ組さん」とクラスに話しかけ，笑いがおさまるのを待

第6章 欠点を指摘し合う子どもたちが，お互いを認め合うまでに成長した保育

った。そして，「どうしてみんな笑っているの？ 一生懸命にお話しているのに笑われたらいやじゃない？」とクラスに問いかけた。ナオキとカズは「だってわかんないんだもん」と笑いながら答えた。担任は2人に近づいて「わからなかったら『もう一回お話して』って頼んでみようよ」と話しかけたが2人は一応うなずいただけだった。

自信がなさそうに数字の練習を続ける

クラスの子どもにはまだ鉛筆を使うことに慣れていない子どもが多く，あちこちで，「せんせい〜」と担任の手助けを求める声があがっていた。アスカも先生に助けを求め，手をもってもらい数字を書いた。しかし，アスカは先生が離れると先生と一緒に書いた数字を消し，書き直し始めた。なかなかうまくいかず，再度先生を呼び一緒に書いてもらった。だが，またそれを消し，自分で書き直すのだった。アスカはその後も『先生に一緒に書いてもらう→自力で書き直す』を何度も繰り返した。消しては書きを繰り返すうちにアスカの文字は段々ときれいになっていた。「アスカちゃんいっぱい書いて上手になったと思うよ。これも消しちゃうの？」と担任が声をかけるが，アスカは「できない……」とつぶやいて暗い表情を見せた。すでに活動を終えた隣席の子どもが手伝おうとするのに対しては，「アスカ自分でする！」とはっきり主張し，最後まで自分でやりとげた。しかし，活動を終えた際のアスカの表情は暗かった。アスカは「できた！」という実感を持つことができず，「うまくできなかった」という思いでいっぱいであるように見えた。

カンファレンス

水森先生は，アスカは口蓋裂のために上手に発音することができないことを，自分が子どもたちに上手に正確に説明して，アスカに対するからかいがなくなるようにしたいと話をされた。そのためには，どのようにそのことを子どもたちに話すのがいいのか，どの程度までの説明をすればいいのかという点で助言を求めていた。

クラスの幼さを考える

カンファレンスは，子どもたちが指摘したりからかう状況を，その背景を考慮に入れて適切に把握することからはじめた。そこで，指摘やからかいが起こる背景にはどんなことがあるか，具体的な場面を先生に思い出してもらいながら一緒に探ることにした。

指摘やからかいが起きる状況について担任に振り返ってもらうと，巡回相談当日で見た場面と同様に，最初に大声で指摘するのはナオキやカズなど決まった2，3人であることがほとんどだった。他の子どもたちはそれにつられるようにして笑ったりするが，自分から最初に指摘することはないことが確認された。

核になってからかうナオキたちは，ささいな友だち同士のいざこざやケンカが多く，先生に仲裁を求めに来ることがしばしばあることがわかった。また，水森先生はいざこざやケンカで「バカ」，「キライ」など相手を傷つける言葉が頻繁に使われることも気になっていた。相談員はこれらを聞いて，おそらくナオキたちは自分たちの経験からも「これをいったら○○ちゃんは嫌だろうな」ということは知っているのだろうと考えた。苦手なことをナオキたち自身が指摘されて嫌な気持ちになったこともあったのかもしれない。それでも相手が傷つく言葉を口にするのは，そうした表現でしか自分を守

第6章　欠点を指摘し合う子どもたちが，お互いを認め合うまでに成長した保育

ることができていないような育ちの幼さがあるのではないかと水森先生に投げかけた。そして，アスカのためというだけでなく，ナオキたちの育ちを考えた丁寧な関わりが必要であることを水森先生と確認した。

4月当初から，水森先生はこのクラスについて，全体的に幼いという問題を感じながら保育をしていた。そのことを水森先生は次のように振り返った。「たとえば，クラス全体に私が話しかけるとき，とにかく話を聞けないんです。周りの子と話し続けていて，一旦注意をこちらに向けることができない子が多いし，なかなか落ち着いて話を聞けない。もう年長さんなのに……って思っちゃいますよね……」

水森先生は，子どもたちに，いつでも先生の言うことをきちんと聞くことや，場の状況を察知してふるまうことを期待していたわけではない。しかし，年長児として，『ここは先生の話を聞かないと大変だよ！』というメッセージにさえも鈍感で，その背景には，先生や友だちの発する雰囲気に込められたメッセージを受け取る力の幼さがあるのではないかと考えていた。

巡回当日に見た，からかい場面では，核となる子の発言をきっかけとして，『みんな言っているから言ってみよう』の連鎖が生じ，クラス全体が騒ぎになるように見えた。これを見たときに，相談員は，水森先生が感じていた，人のメッセージを受けとめる力の幼さだけでなく，自分で楽しいことを見つけてしっかりと取り組み，その中で得られる達成感や充実感などを実感する経験をしてきていない子どもたちの未熟さもあると感じた。そして，ナオキたちの育ち，そして周りの子どもたちの育ちから考えると，クラスの子どもに，

アスカの口蓋裂のことや，発音が難しいことを説明しても，状況が改善できるとは考えにくいのではないかという意見を述べた。

水森先生が子どもたちに知って欲しいと思うアスカの一面について尋ねると，数字の練習のエピソードのように，何にでも一生懸命取り組み，がんばり屋であるアスカの姿が挙げられた。水森先生は，行事などの際，「本番だけが勝負じゃないよ，どんだけがんばったかが大事だよ」と子どもたちに伝え続けて，結果に至るプロセスを子どもたちに意識させることを大切にした保育を行なっていた。そこで，クラスの子どもたちがアスカの抱える問題を理解することを課題にするのではなく，水森先生が普段から大切にしてきた保育にアスカが何にでも一生懸命取り組み，頑張るアスカを子ども達が理解し認めるということを位置づけ，課題にできないだろうかを提案した。

アスカが自信をもち，友だちに認められる保育

水森先生は，指摘やからかいによってアスカが自信をなくし，持ち前の積極性を発揮できなくなること，話す意欲をなくすことを心配していた。アスカが友だちとの会話が必要になる遊びは避けがちであること，数字の練習や制作の場面で時間が経つにつれ，表情が暗くなり自信や達成感をもって活動を終えることができないように見えることなど，気がかりなアスカの姿を振り返った。

このままでは，アスカのがんばり屋さんという特徴が子どもたちにはわかりにくい。そこで，もっとアスカ自身が興味や目標をもって取り組み，「やりきった！」，「できた！」と感じられる活動をアスカに経験させてあげることが必要なのではないかと水森先生に伝えた。そうしたアスカが興味や目標をもてる活動がうまくクラス全

発達

Quarterly Magazine —— HATTATSU

1・4・7・10月 各25日発売　B5判美装・120頁
本体1500円＋税／年間定期購読料 6760円

毎号の購読に便利な定期購読をぜひご利用ください

[入手方法・ご購読方法]

- 書店店頭でご購入いただけます。なお、店頭に在庫がない場合は、バックナンバーを含め、書店を通じてお申し込みいただけます。

- 小社に直接お申し込みいただく場合は、本紙についております振込用紙に「ご住所・お名前」と「何号から定期申込み」とをご明記のうえ、郵便振替にて1年4号分の定期購読料6760円（税・送料共込）をお送りください。毎号郵送にてお届けいたします。

- その他、ゼミや研究室単位でのご採用をご検討の場合は、小社営業部までご連絡ください。

[お問い合わせ先]

ミネルヴァ書房営業部
　Tel：075-581-0296　FAX：075-581-0589
　Mail：eigyo@minervashobo.co.jp

＊価格は2013年3月現在のものです。

乳幼児期の子どもの発達や、それを支える営みについて、幅広い視点から最新の知見をお届けします。子どもを取り巻く環境が大きく変化する今、現場の保育者から研究者・学生まで、保育・発達心理にかかわるすべての方に役立つ内容です。

特集

毎号、保育・発達心理を中心に、今知っておきたいトピックを特集。

連載

充実の連載で、発達をとらえる多面的な視座を提供。

保育に活かせる文献案内
汐見稔幸

ことばとコミュニケーションを科学する
玉川大学赤ちゃんラボ

人との関係に問題をもつ子どもたち
《発達臨床》研究会

霊長類の比較発達心理学
松沢哲郎／明和政子／平田　聡／林　美里

障がいのある子の保育・教育のための教養講座——実践障がい学試論
佐藤　曉

育つということ——発達臨床のフィールドから
山上雅子

発達読書室

著者が語る
著者自らによる新刊案内

書籍紹介

◆**バックナンバーも充実**

書店にてお申し込みいただけます。133号まで、各巻本体1200円＋税。在庫のないものは、オンデマンド版（各巻本体2200円＋税）でご用意いたします。

＊本紙に掲載の情報は 2013年3月現在のものです。

払込金受領証

口座番号	加入者名	金額	ご依頼人	料金	特殊取扱
01020-0-8076	株式会社 ミネルヴァ書房				

通常払込料金加入者負担

記載事項を訂正した場合は、その箇所に訂正印を押してください。

切り取らないで郵便局にお出しください。

払込取扱票

京都

口座番号	加入者名	金額	料金	特殊取扱
01020-0-8076	株式会社 ミネルヴァ書房			

通常払込料金加入者負担

※ご注文の際は必ず書名をお書き願います。

通信欄：
季刊「発達」申込　号より1年分
定期購読料（送料・税共込）6,760円

おところ（郵便番号　　）

ご依頼人

おなまえ

（電話番号　　　）

（私製承認大第10496号）

各票の※印欄は、ご依頼人において記載してください。

裏面の注意事項をお読みください。
これより下部には何も記入しないでください。

この受領証は、郵便局で機械処理をした場合は郵便振替の払込みの証拠となるものですから大切に保存してください。

ミネルヴァ書房

ご注意
この払込書は、機械で処理しますので、本票を汚したり、折り曲げたりしないでください。

お支払いのご案内

毎度お引き立てをいただきありがとうございます。
この振込用紙は、郵便局へのお振込専用で、手数料は無料です。
お振込の際は、お手数ですが、金額をお書き添えくださいます様お願い申し上げます。

ミネルヴァ書房　〒607-8494 京都市山科区日ノ岡堤谷町1
☎ (075) 581-5191　振替 01020-0-8076

この払込取扱票の裏面には、何も記載しないでください。

体の活動に結び付けられると，アスカのがんばる姿や何事にも一生懸命な姿を，クラスの子どもたちが自然に理解することになる。そうしてクラスの子どもたちが，アスカを認めることにつながっていくと考えられた。

4　一人一人の気持ちを聞きだすことと，一人一人のよいところを見つけ合うこと（巡回相談後の担任の取り組み）

からかいや友達同士のトラブルにおいて一人一人の気持ちを聞きだす

　水森先生は，からかいをはじめ，友達同士のけんかなどクラスの中で生じたトラブル一つ一つについて，関わった子どもたちそれぞれの話をじっくり聞くようにしていった。子どもの発言を待ち，気持ちを確認し，先生自身の考えを丁寧に伝えていくなど，十分に時間をかけてゆったりとした関わりをもつようにした。

がんばっていること，一人一人のよいところをクラスで認める

　クラス全体に対して，アスカだけでなく誰かががんばっていることや何かよいところをどんどん見つけていこうとする働きかけを水森先生は意識して行っていった。これは，担任が気付いたときにクラスに向けて発信するだけでなく，クラスの子どもたちにも「お友だちのいいところを見つけよう！」と働きかけて，子どもたちからの発信も積極的に促していった。そのうち，友だち同士で色々な「いいところ」が報告されるようになった。

　水森先生は，アスカをはじめクラスの子どもたちそれぞれががんばる姿を子どもたち自身が発見しやすいように，積極的に目標をもって取り組めるような活動に誘ったり，促すといったような配慮を

それぞれの子どもに行っていった。

　水森先生は、上のような関わりを持つ中で、「少しずつ子どもたちが変わってきた」と手ごたえを感じるようになっていた。しかし、それでもまだクラス全体の育ちの幼さは感じており、2学期以降多くの行事をどのようにクラスで乗り越えていけるか、子どもたちの成長に対する楽しみと不安を抱えながら保育を行っていた。

5　アスカのがんばりをクラスの子どもたちが認める　　（2学期前半の取り組みとクラスの様子）

　2学期の初めの大きな行事は運動会だった。運動会のリレーは年長の一番の見せ場である。本番に向けて何度も練習が繰り返されていた。しかし、どうしてもバラ組はいつも最下位だった。足の遅いアスカを含めた数名に「○○ちゃんのせいだ！」とくやしさをぶつける子どもたちがいた。

　担任はこの時期、『アスカだけでなく、走るのが苦手な子どもががんばっている姿をクラスの子どもたちに見せたい』という思いから子どもたちをかけっこの練習に誘っていた。中でもアスカは熱心に練習を続けていた。それを見ていたクラスの子どもたちは「アスカちゃんはがんばってるよ」、「○○ちゃんもがんばっているよ」とその姿を認めるようになっていった。担任は、その間「勝つことだけが大事じゃないよ、みんながんばっていることが大事だよ」というメッセージを伝え続けながら、リレーに向けた走る練習を励まし、作戦会議を開きみんなで考えることを積極的に促していた。

　練習ではアスカは抜かされてしまうことが多かったが、本番のリ

第6章　欠点を指摘し合う子どもたちが，お互いを認め合うまでに成長した保育

レーでは抜かされずに走りきることができた。それでも，バラ組は最下位で，クラスの子どもたちは悔しい気持ちを表現したが，一人も，負けたことを誰かのせいにするようなことは言わなかった。その姿に，担任は「クラスが変わってきたな」と手ごたえを感じた。

それまでの保育の成果を確認し，卒園までを展望する

運動会の様子を聞いて，相談員は水森先生の保育によって，幼かった子どもたちが育つことができたのではないかと思うと感想を伝えた。しばらく，春の苦しかった状況や，そのときの悩み，そしてこれまでの取り組みを一緒に振り返って話をさせてもらった。

その終わりに，これから卒園までにどのような点が課題となってくるだろうかと質問した。すると，「運動会は乗り越えられた。だけれども，これから控えている音楽会はまた違う難しさがあると思う。音楽会はピアニカが苦手な子が多く，その子たちががんばれるのか……」と，まだまだ，悩みが多い様子であった。

運動会の種目は，ナオキやカズのような幼い子どもが比較的得意な活動だったので，その練習過程で，自信をもって取り組むことができた。しかし，ピアニカのような苦手な活動になるととたんに，ナオキたちは自信がなさそうな表情を見せるのが水森先生は気になっていた。得意なことだけでなく，たとえ苦手なことでも「上手になりたい！」という気持ちをもってあきらめずにがんばること，そこで「僕，がんばったよ！」と自信をもち，自分自身を認められるような経験が，ナオキたちには重要なのではないかと水森先生は感じていた。その話を聞き相談員は，ナオキやカズが自分自身をしっかりと認められる経験をすることは，アスカをはじめ，周りの子ど

もたちを理解し認める上で重要なものになると感じた。

6 子どもたちが苦手なことをがんばる経験をする
（2学期後半の取り組みとクラスの様子）

　水森先生は，音楽会に向けても運動会同様，クラス全体に対しピアニカの練習をすることを促した。アスカはピアニカの練習にも熱心に取り組んだ。水森先生は，とくにナオキやカズたちが苦手なピアニカにしっかり取り組んでくれたらと思っていた。ナオキやカズたちははじめ，ピアニカを弾くことにあまり興味を示さなかった。しかし，曲になっていなくても互いに音を出し合うなどピアニカを使って遊ぶことを楽しんだり，先生と一緒にフレーズを弾ける経験などを積み重ねる中で，ナオキたちも含めピアニカが苦手な子の多い男の子を中心に，ピアニカの練習がクラスでブームになった。その中で，徐々に『うまくなりたい』という気持ちが子どもたちの中に見えるようになったことを，水森先生は本当にうれしく感じた。

　練習が続くにつれ，ピアニカの得意な子どもたちは「すごーい，上手になった」，「男の子たち，やるじゃん！」と練習を続ける子どもたちに声をかけるようになった。すると，ナオキやカズたちは，照れながらもうれしそうな顔を見せた。そんな様子を見ながら，水森先生は，ナオキたちが，苦手なことをがんばり続け，少しずつ上達する充実感を得て，勝ち－負けや，できる－できないという結果だけではなく，活動のプロセスを楽しむことを実感してくれているのではないか，自分のがんばりに自信をもつことができたのではないかという思いを強くした。

第6章　欠点を指摘し合う子どもたちが，お互いを認め合うまでに成長した保育

7　子どもたちが対等に意見を出し合う
　　（3学期：お楽しみ会の練習）

　園生活最後の大きな行事はお楽しみ会での劇の発表だった。保育観察のため園を訪問した際に見られた，練習を始めた頃のクラスの様子を紹介する。

様々な子どもたちの意見が出た初回練習
　この日ははじめてホールの舞台で役別に台詞を声に出すことになった。「大きな声でみんなに聞こえるようにね」，「みんな，ちゃんと聞こえたか教えてね」と担任はクラスに声をかけた。それぞれの役別に舞台に上がり，台詞の練習が始まると，見ている子どもたちからは，「大きな声で聞こえたよ〜」，「上手だった〜」，「まっすぐちゃんと立ったほうがかっこいいよ」，「もっと大きい声じゃないと聞こえないよ〜」などの声が次々にあがった。それらは，子どもたちが感じた感想やアドバイスを対等に伝え合うもので，クラスでいいものを作りたいという子どもたちの気持ちの高さが感じられた。

　相談員は，1学期，みんなの前で当番活動をするアスカに対し，一方的に「言っていることがわかんない〜」と指摘し笑い出す子どもがいたこと，そしてそれにつられて，クラス中が笑い出してしまうような状況にあった子どもたちを思い返した。『これを言ったら○○ちゃんは嫌な気持ちになるだろうな』といわば確信犯のナオキとカズ，そしてわけもわからずつられて笑う子どもたちが，今は『いいところを見つけて伝えよう』，『あ，ここを直したらいいのに

……』と,悪意なくそして,しっかりと互いをみつめ,理解できる子どもになっていることを感じた。このことを水森先生に伝えると,「やっと……やっとここまできましたね」と子どもたちの成長を振り返った。

8 アスカが自信をもって活動に取り組む姿がよく見られるようになる(3学期:お楽しみ会本番とその後の様子)

アスカは主役のピノキオの一人として舞台に立つことになった。劇で台詞を話すという活動は,アスカのもつ困難が表面化しやすい。アスカが思い切り大きな声を出しても,どうしても音楽や効果音のある劇の中では聞き取りにくくなってしまう。水森先生は,アスカが台詞を言うときには音楽や効果音を一切使わないことに決め,アスカの声が観客に届くよう配慮した。園生活最後の行事に向けて,園でも家庭でもアスカは練習を続け本番を迎えた。

物語のクライマックス,ピノキオが人間になる場面を演じたアスカの声はしっかりと観客に届き,堂々と演じるアスカの姿があった。劇が終わった後アスカは家族をはじめ,行き会う知り合いの保護者や園の保育者から,「よかったよ」,「上手だったよ」,「がんばったね」と口々にほめられ,満面の笑みをみせた。

お楽しみ会後の休日を経て,登園をしたアスカは,水森先生に劇を終えた後どんな風にほめられたのか,休み中どんなことをしたのかなど,これまでにないくらいうれしそうに色々な話をしてくれた。

保育観察のために訪れた3学期,クラスの子どもたち数人と家族や好きなキャラクターについてにぎやかに会話をするアスカの姿があった。アスカの言葉が十分に聞き取れず他の子どもが「なんて言

ったんだろう」というような表情を浮かべると，アスカはそれを見逃さず，自分の言ったことを理解してもらおうと自ら言いなおすような場面もあった。

1年の保育を振り返る

アスカが生き生きと友達と会話を楽しむ様子に，相談員もうれしさを感じ，水森先生にそのことを伝えた。すると，「そうなんですよ，アスカちゃん，すごくおしゃべりになって，友達とも色んな遊びを楽しめるようになったんです」と教えてくれた。そして，「運動会，音楽会でがんばって，みんながそれを認めてくれたこともあるし，うんていや登り棒など自分ががんばってできることをたくさん増やしていけた。そして，最後の劇は本当に本当にいろんな人にほめられた。どんどんどんどん自分に自信をつけていったと思う」とこれまでのアスカの育ちを振り返った。

クラスの様子についても，1年を振り返りながら，大変だった時期や水森先生の取り組み，そして子どもたちの成長について話をさせてもらった。話の最後の水森先生のことばが印象的である。「4月にこれは大変だぁと思ってたこのクラスも変わっていった。次はどうしようか，何をしようか子どもたちを見ながら考えるのが楽しくてたまらない！　だから保育はやめられない！」

9　まとめ

指摘やからかい場面だけが問題ではない

指摘やからかいという現象は，子どものなんらかの特徴を意図的に否定的な形で言及し，顕在化させるものである。その対象とされ

た子どもは深く傷つくため，集団生活において許されない行為であると保育者は考える。そして，なにはともあれ，そういう行為をする子どもを説得して，止めさせようとする。しかし，たいていの場合，説得するだけでは解決しない。ましてや強く叱責するような対応をすれば，指摘やからかいは表面上なくなっても，保育者に隠れてのいじめになることもある。なぜ指摘やからかいは説得や説明，叱責で解決しないのか？　それは，そうした対応では指摘やからかいの背景にある問題は残ったままになるからである。

　このクラスの子どもたちは，年長児としては，幼い子どもたちだった。自分のできなさや失敗をどこかで指摘される経験がある子どもも多かった。とくにナオキやカズは，ある部分で自分の幼さやできなさを実感し，自信のなさを抱えており，それをアスカのできなさを浮かび上がらせることで，自分自身の不安な思いを打ち消そうとしたのであろう。こうしたナオキたちのからかいは，「自分がもっと成長して自信を持てるようになりたい。自分も認められるようになりたい。そして，友だちのことも認めて楽しい園生活を過ごすことができるようになりたい」という，隠された意見の表現であると相談員は解釈した。

　この巡回相談では，このようなクラスの子どもたちの状況について，「子どもたちが，自分やお互いのがんばったことや素晴らしい部分を認め合う育ちが未熟である」と把握した。そして，そのように子どもたちの育ちを捉える視点から，子どもが成長することができる保育を創ろうという方向に，保育者と相談員が知恵を出し合うことができた。

第6章　欠点を指摘し合う子どもたちが，お互いを認め合うまでに成長した保育

互いを理解し認め合う中で「参加」がかなえられる：実践からの学び

　水森先生は，クラスの子どもがそれぞれに認められる側にも認める側にもなるように願って普段の保育や行事で工夫を続けた。それぞれの子どもの苦手なこと，得意なことを明確に見定めて，どんな活動の中でも，誰かが「認め，認められる経験」となるように，その機会を見逃さないように気を配っていた。

　巡回相談後，保育観察で園を訪れるたびに水森先生がどんなときでも，どんな場面でも一貫して取り組んでいる姿を見ることができた。そのたびに，先生が「みんなに苦手なところがあって，得意なことがある。それでも色んなプロセスを大切に，活動を楽しんでほしい」という強い思いをもって保育に取り組んでいることを実感した。そして，先生の子どもへの丁寧な関わりと，子どもたちの様子を見るたびに，このような強い思いに支えられたきめ細かい関わりによってこそ，子どもが育つのだと改めて気づかされた。

　活動のプロセスで何かに精一杯取り組むことは，自分自身を認める経験を生む。そして，誰かががんばる姿を他人事としてではなく，同じ目標に向かう仲間としてがんばりを認め，あたたかく見守る子どもたちもまた違う形で活動のプロセスを楽しむ経験ができる。水森先生は，あらゆる活動の中にこうしたそれぞれの子どもの経験の機会を創り出し，それを丁寧に支えていった。こうした取り組みにより，一人一人の子どもが自分なりの活動の楽しみを見つけることをしっかり保障され，子どもたちが，それぞれの活動へ参加できる保育実践へとつながった。

第7章　自閉傾向の子どもへの個別配慮と
　　　　クラスの遊びづくり

田中浩司

「他にも手のかかる子どもが沢山いるので，これ以上特別な配慮は出来ません」

　日々の保育の中で，様々な問題に対処しなくてはいけない保育者にとって，巡回相談員の助言が，負担として受け止められることは少なくない。しかし，障がいを持った子どもへの配慮がクラス全体の配慮へとつながるような課題を見つけることが出来れば，保育者の負担を軽減するだけでなく，より豊かな保育へとつなぐことが出来るのではないか。

　この章では，巡回相談を通して，自閉傾向の子どもの育ちだけでなく，クラス集団全体の育ちを意識して課題を見つけ出し，実践を進めることが出来た事例を紹介する。

1　ナオキのこれまでの育ち

　ナオキは，1歳半健診のときに，言葉が遅れていたことをきっかけに，地域の療育センターで訓練を受けるようになった。ナオキは，こだわりがあり，やりとりが苦手であった。母親は，年少クラスからの入園を希望していたが，集団生活についていくことが出来るか，

友達が出来るかとても心配していた。母親は，入園に際して，ナオキのこれまでの育ち，療育センターでの指導の様子を丁寧に語り，不安はあるが幼稚園で生活をさせてやりたいという思いを語った。園長をはじめ，面接にあたった保育者らは，「この子なら受け入れられる」と判断し，年少クラスから入園することが決まった。年少クラスの夏休み明けに，園長が巡回相談を紹介すると，母親は進んで申請をした。

　幼稚園は郊外にあり，全学年を合わせ200名程度と，この地域では一般的な規模である。年少クラスでは18名の園児に対して，担任保育者1名と，学年全体の補助の保育者1名がついていた。年中・年長クラスでは，子どもの人数は20名台後半に増え，補助の保育者はついていなかった。

　ナオキは，一見すると活動内容を理解しているように見えたが，集団に向けた指示は理解していないことが多く，フラフラと歩き回ることが多かった。年少クラス（初回）の巡回相談では，ナオキの理解面をアセスメントし，担任だけでなく，園全体で保育上の留意点を共有することが重要な目的となった。

　自閉傾向の子どもは，特定の対象にこだわりを持つ。ナオキの場合は，クルマに対してこだわりを持っていた。一度クルマにこだわりはじめると，その世界に没頭してしまい，関わりが持てなくなるため，保育者はどのようにナオキに関われば良いかわからず困っていた。巡回相談では，"こだわりへの対処"ではなく，"こだわりの意味"を保育者とともに考えた。その結果，年少・年中クラスにおける，こだわりにとらわれない保育実践へとつながった。

　統合保育では，障がいを持つ子どもの育ちとともに，クラス集団

の育ちが大切になる。お遊戯会や運動会といった年間行事は、このようなクラス集団が育つよい機会であると同時に、クラス集団が抱える課題が見えやすい場面でもある。年長クラスの巡回相談では、運動会を通して見えてきたクラスの課題について話し合われ、クラス全体の仲間意識を育てるという目標が共有された。ここでは、保育者の取り組みと、クラスの一員としての自分を新たに見つけ出したナオキの育ちを紹介する。

2　ナオキとの接点を探す（年少クラスでの巡回相談）

　入園直後の4月、5月は、どの子も、好き勝手に走り回っているような状態で、ナオキの遅れがとくに目立つということはなかった。夏休みを前にした、6月、7月、周りの子どもたちが徐々に落ち着き始めると、担任は、ナオキの次のような様子が気になっていた。

　盆踊りの練習のとき、笑顔でその場にはいるけれども、皆と一緒に踊ろうとしない。踊り方がわからないのかなと思い、担任が教えようとすると、すっとその場から離れていってしまう。また、日常でも、自分の世界に入ってしまっているかのように、担任が言葉をかけても返事が無い、ということが頻繁にあった。

　障がいを持った子どもを受け持つことがはじめてだった担任は、何とかしてナオキと関わりたいと考えていたけれど、そのきっかけをつかめずにいた。また、ナオキはクルマに対してこだわりを持っており、自由遊びの時間には、一人で車のおもちゃをいじっていることが多かった。担任は、「クラスの子どもが、仲良しの友達を見つけていく中で、このままクルマにばかり関心を向けていて良いものなのか？」と不安に感じながら、その様子を見守っていた。その

ような中,年少クラスの11月に,はじめての巡回相談が行われた。

朝の会のエピソード

ナオキは,人に注目される当番活動が大好きであった。相談当日に当番であったナオキは,同じく当番のアキコと黒板の前に並び,ニコニコしながら立っていた。担任がピアノを弾き終わり,「朝の挨拶だよ,何て言うんだっけ？」と挨拶をするように促したが,ナオキは返事をしなかった。横にいたアキコは,ナオキが挨拶をするのを待っているようだった。全員の視線がナオキに注がれたとき,ナオキは「仮面ライダー,グイーン」といって廊下に飛び出してしまった。周りの子どもは,その言葉が面白く笑い出し,担任も「仕方ないな」といった具合に,朝の会は終わった。

イス取りゲームのエピソード

朝の会が終わり,クラス全体でイス取りゲームをすることになった。ナオキは,担任が弾くピアノの曲に合わせて,イスの周りを歩いていた。音楽が止まると,周りの子どもたちは皆,空いているイスを探して座ろうとするのだが,ナオキはその場に立ち止まってしまった。担任が,「ナオキ君,イスに座るんだよ」と声をかけると,はじめて座ろうとするが,すでに空いているイスは無かった。先生は,「イスを取られたお友だちは,他のお友だちを応援してね」と言葉をかけたが,ナオキは曲が始まると,またイスの周りを回ってしまった。

カンファレンス

相談員は，ナオキが朝の会で「仮面ライダー，グイーン」と言ったのは，単にふざけていたのではなく，どのように振る舞えばよいのかわからず，苦し紛れに見せた姿なのではないかと感じていた。そこで，朝の会のエピソードを紹介し，日常生活での役割をどの程度理解しているのかを確認した。

担任は，「食事や着替えといった，基本的な生活習慣は身についているのですが，当番活動のように，毎日役割が回ってくるわけではない活動では，わかっていないことが多いかもしれません」と，日常の姿を振り返った。そこで，相談員は，『仮面ライダー，グイーン』といったフレーズは，ナオキが苦し紛れに言ったものではないか，という見立てを伝えた。すると担任は，「楽しく過ごすことが出来ていればよいと思っていたけど，もっと丁寧に教えてあげないといけませんね。だけど，お遊戯会のようなクラスで動く活動だと，個別に見ることができません。どうすれば良いでしょうか……」と，困った表情で周りの保育者を見渡した。すると園長が，「そういうときこそ，補助の先生についてもらえばいいのよ。そのために補助の先生がいるんだから」と，集団活動の説明をするときには，できるだけ学年補助の保育者がつくことを提案した。また園庭での自由遊びの際には，担任以外の保育者もできるだけ積極的にナオキに働きかけていくことを保育者全体で確認した。

次に，相談員はイス取りゲームのエピソードを紹介した。担任は，「集団の雰囲気は楽しめているみたいだけど，細かなルールは良くわかっていないんじゃないかな。その都度，言葉をかけるようにはしているんですけど，これで良いんでしょうか？」と，対応に自信

がもてないようだった。それに対して相談員は，ルールのある遊びは，ルールを細かく伝えても，遊びの楽しさまでは伝えられないので，その時々に感じているワクワクする気持ちを大切に，根気強く指導する必要がある，ということを伝えた。

また，当日の保育観察の中では，クルマにこだわって動かなくなる姿は見られなかった。「普段はもっと，こだわってしまうことがあるんですが」という担任に対して，「日常生活に支障がなければ，こだわりへの対処方法を考えるよりも，ナオキの持つ世界を大切にしてあげた方がよいのではないか」と助言した。

巡回相談後の取り組み

巡回相談を受け，担任は次のように取り組んだ。まず，自分の世界に入り込んでいるように見えるときには，無理に引き離そうとはせず，様子を見て遊びに誘うようにした。また，クルマへの興味を仲間と共有することは出来ないかと考え，クラス共通の遊具としておもちゃのハンドルを作るなど，自動車をテーマにした遊びが出来るように，遊具を準備した。また，普段から，子どもたちが自由に折り紙を作ることが出来るように，広告を用意していたが，その中にクルマの広告を入れることにした。そうすることで，他の子どもが折り紙をしている間に，ナオキも同じ場所で広告を眺めたり，切り抜いたりすることが出来るようになった。

年少クラスでは，車の広告の輪郭を切り取るだけであったが，年中クラスになると，ドアが開くように内側にも切り込みを入れるといった，手の込んだ作品になっていった。その姿を見て，保育者だけでなく，他の子どもも「ナオキが作るクルマはすごい」と，あこ

がれの目を向けるようになっていた。

　一方で，一人でハンドルを持ち，教室の中を走り回るナオキをからかう子どもが出てきた。ヒロトはしばしば，ナオキのハンドルをわざと取り上げ，追いかけてくるナオキをからかった。ナオキは，自分がからかわれていることに気づいておらず，ヒロトのからかいに，追いかけっこのようなかたちで応じていた。

　しかし，つねにヒロトはナオキをからかいの対象としていたわけではなかった。記憶力の良さなど，優れた力を見せるナオキに対して，「ナオキすごい」と素直に評価するのもまたヒロトであった。意地悪なところもあるが，ナオキのことを仲間として認めているのもヒロトであり，保育者は2人の関係をしばらく見守ることにした。

　年長クラスでも，全ての絵にクルマの絵を描くといった，クルマへのこだわりは見られた。ただし，大きな変化として，保育者の語りの中から「こだわり」という言葉はなくなり，「ナオキの趣味」という言葉に変わっていた。

3　ナオキを含むクラス全体の育ちを考える
　　（年長クラスでの巡回相談）

　年長クラスになり，課題が難しくなるにつれて，周りの子どもとの力の差が広がってきていることに，担任は心配していた。また，年少クラスで見られたイス取りゲームのようなルールのある遊びでは，依然として雰囲気だけを楽しんでいるようで，細かいルールは理解しておらず，一緒に遊ぶことは難しい，と感じていた。年長クラスの10月の巡回相談では，次のような様子が見られた。

シッポ取りのエピソード

　体操教室の時間，シッポ取りをした。ナオキは，前の子どもに付いて走るだけで，シッポを取ったり，取られないようにするということは意識していないようだった。また，シッポを取られると，どうしてよいか分からず立ち止まってしまった。

　他の子どもは，シッポを取られるとがっくりした様子で，元の位置に戻っていった。ただし，ほとんどの子どもが，自分のシッポが取られた時点で遊びへの関心が薄れてしまい，仲間を応援することはなく，元の位置に戻ると，それぞれが好きな遊びを行っていた。また，体操の先生が「白チームの勝ち」といった勝敗を告げると，それに反応して「やったー」といった歓声をあげるものの，「勝ち」という言葉に反応しているだけで，チームとしての連帯感は感じられなかった。

カンファレンス

　相談員がシッポ取りのエピソードを紹介すると，担任から，少し前に行われた運動会の様子が語られた。

　「運動会では，クラス対抗リレーがあるんです。毎年，子どもたちは自分のクラスが勝つように，一生懸命に応援して，クラスによっては，かけっこの練習までする子がいるんです。でも，このクラスはがんばるっていう感じは少なかったな。とくに，ナオキは笑顔で走っていたんですが，前のランナーを追いかけるとか，追い抜くといったことは全然無くて，いつも周回遅れになっていました。周りの子どもは，ナオキがいることで勝てないことは，わかっていたとは思うんですが，練習中にそれを指摘するような子はいなかった

ですね。そういえば，運動会当日も負けてもそれほど悔しがる子はいませんでした。」

相談員は，子どもたちの遊びが全体的に未熟だという印象を持っていた。そこで，保育で見られたシッポ取りの様子から，クラス全体が，仲間同士で競い合う楽しさを十分に味わえていないのではないか，それによって，クラス対抗リレーも盛り上がらなかったのではないか，という見立てを伝えた。すると，担任は，「私のクラスはちょっと幼いのかもしれない。練習のときから，隣のクラスの様子とはかなり違っていました。熱意が少ないっていうか。そうですよね？」と笑いながら，隣のクラスの保育者を見た。すると，隣のクラスの保育者は，「うちのクラスは，給食が終わると，足の遅い子を連れ出して，運動場で練習していたんですよ。あれはちょっとやり過ぎかも知れないけど」と笑いながら答えた。

相談員からは，ナオキの成長だけではなく，クラス全体の育ちを考えても，サッカーやドッジボールといった，集団遊びが楽しめることは大切である，ということを助言した。すると，「サッカーやドッジボールは今のクラスでもときどきやっています。ただ，まだ自分が主役にならなければ我慢できない子が多くって，なかなかまとまらないんです。ナオキも，サッカー教室に通っていて，ボールを蹴ることにはとても興味を持っているみたいです。これから取り組んでみます」と，卒園に向けての方針を語った。

巡回相談後の取り組み

ナオキのクラスには，週に１回，外部から体操の先生が指導に来る。巡回当日のシッポ取りも，この体操の時間に行われたものであ

る。担任は，体操の先生に，クラスで楽しめる遊びについてアドバイスをもらい，サッカーやドッジボールに加えて，ドロケイなどの鬼ごっこを保育の中に取り入れることにした。

　それから約半年後の２月の後半，卒園の時期を迎えようとしていた頃，ドッジボールで自分のチームが負けたときに，はじめてナオキが「クヤシー！」と言った。保育者は驚き，このような気持ちが育ってきたことに，とても喜んだ。また，これまで，ただ目の前にあるボールを蹴るだけであったナオキが，ゴールに向かって蹴るようになった。そしてゴールが決まると，ヒロトも一緒に大喜びする姿が見られるようになった。

　卒園を１週間後に迎えようとした３月，母親から，「ナオキが鉄棒をしたいと言っているのだけど，休みの日に園庭を使わせてもらえないでしょうか」という相談があった。担任は，「それなら，自由時間に園庭で練習すれば良いんじゃないですか？」と聞くと，「ナオキは皆に見られない場所で練習したいみたいなんです」とのことであった。担任は，ナオキが，自分一人で出来るように，また仲間から見られない場所で練習したいといっていることに，とても驚いた。この言葉は，母親から保育者に伝えられたもので，担任がナオキの口から直接聞いたものではなかった。しかし，この時期のナオキの育ちを考えると，「見えない場所で練習をして驚かせたい」という気持ちを持っているのかもしれない，なんとかかなえてあげられないものか，と担任は考えた。その結果，休日に幼稚園を開けることは出来ないが，体操教室で使う移動式の鉄棒を教室に置くことにした。それから１週間，自主トレに励んだナオキは，とうとう卒園式の前に，先生やクラスの子どもの前で前回りを披露すること

が出来た。

4 自信を持って活動に取り組む

我々は，子どもが笑顔でいるときには，内面が充実していると捉えることが多い。しかし，ナオキのような発達障害を抱える子どもの場合，笑顔はかならずしも内面の充実を意味しない。彼らはトラブルを避けるために，笑顔でその場をやり過ごすスキルを身につけることがある。彼らの笑顔は，意見表明としての情動表出とはいえず，彼らの意見は笑顔の背後に隠されてしまっている。年少クラスの朝の会で，ナオキは笑顔で「仮面ライダー，グイーン」と言いながら，廊下に出てしまった。担任は，ナオキが当番のセリフを憶えていないことに気づいていたが，笑顔でいたため，その状態に満足していると考えていた。しかし，苦しまぎれのセリフだったのではないか，という相談員の言葉をきっかけに，当番のセリフを覚えれば，もっと自信を持って当番ができるのではないか，と考えるようになった。このエピソードは，ナオキの「自信を持って当番をしたい」という意見を保育者が代弁した，と捉えることが出来る。ただし，育ちへの願いをこめた代弁は，ときとして発達促進的な信念となり，保育者を含む大人によって乱用される恐れがある。大人による代弁については，発達保障の観点から，さらに検討する必要があるだろう。

5 障がいを持つ子を中心とした保育

自閉的な子どもには，こだわりが見られる。こだわりは，その場から離れられなくなるという点では，ネガティヴなものとして捉え

られるが，一つの対象に熱中するという点からは，子どものあこがれとも捉えることができる。この事例では，ナオキの興味を大多数のクラスの仲間に向けさせるのではなく，ナオキのクルマへのあこがれを，クラス全体で共有するという取り組みによって，ナオキの興味と集団の興味に一致が見られた。

　実のところ，相談員はナオキのクルマへの興味が周りの子どもたちの関心へとつながるとは予想していなかった。保育者から，ハンドルのおもちゃや，広告の切り抜きといった具体的なアイディアを聞かされたときには，「なるほど，それは面白い！」と驚いた。また，このような現場の工夫をより多くの保育現場に伝えていくことが，巡回相談員の大切な役割であると実感した。

6　対等な意見を持つ仲間集団

　年長クラスでの運動会のリレーでは，ナオキが周回遅れになっても，他の子どもが非難することはなかった。これは，周りの子どもがナオキに対して思いやりの気持ちを持っていたからなのか？

　たしかに，日常の保育場面では，ナオキを思いやる子どもの姿が見られていた。一方で，ヒロトのように，ナオキを特別扱いするわけではなく，対等な仲間として捉えている子どもがいた。保育者は，優しい気持ちを持ちながらも，対等な仲間としてナオキに向き合って欲しい，という思いの中で葛藤していた。巡回相談を通して，子どもがぶつかり合いながらも，認め合えるクラス作りを目指すこと，優しさを持ちながらも，対等な仲間として向き合える集団を作ることが保育者の間で共有された。

　自閉傾向の子どもにとって，イス取りゲームでの"イスの取り合

い"や"仲間を応援すること"を楽しむことは、とても難しい。応援を楽しむということは、目立つ子・人気のある子を応援するといった、その場限りのものではない。これまでの遊びの歴史を背負う仲間として、お互いのユニークさを尊重しつつ、対等な存在として応援する必要がある。ナオキに、このような気持ちが芽生えたのは、年長クラスの後半であったが、その背景には、ヒロトとの関係が大きかった。ときに、意地悪をすることのあるヒロトが、サッカーのときに、ゴールを決めたナオキのところに一番に駆け寄り、一緒に喜んでいたことで、ナオキにとってのチームへの所属感が高まった。このような仲間は、大人の配慮で作ることは難しい。「仲良くしなさい」といった単純な言葉で解決しようとせず、じっくりと様子を見守っていた保育者の役割は大きい。

　卒園直前の鉄棒のエピソードは、どのようにして出てきたのか。卒園前のドッジボールで見られたように、ナオキの得意な活動を通して、負けて悔しいという思いが生まれた。ナオキは、"負け"という結果に反応しただけで、チームの勝ち負けは意識していなかったかもしれない。しかし、このような遊びを通して、周りの子どもを意識するようになった結果、皆に見られない場所で鉄棒の練習をしたい、という思いにつながったのではないだろうか。

7　まとめ

　子どもの弱さや、問題行動にばかり目を向けていると、子どもの日常の人間関係が見えなくなってしまう。「参加」とは、匿名化された集団への適応ではなく、ナオキとヒロトとの出会いのような、具体的な人間関係の上に成り立つものである。この事例のように、

子どもの日々の姿から，人間関係を整理し，保育者とともにその意味を探っていくことは，巡回相談の大切な仕事である。保育者と語り合う中で，今まで発見できなかった成長や課題が見いだせることは少なくない。巡回相談は，相談員が目にした子どもの姿と，保育者や保護者が語る日々の姿とを照らし合わせながら，育ちの意味を翻訳していくような作業であると感じている。

コラム　鬼ごっこ

　子どもが何人か集まり，追いかけあって遊ぶ姿は，どの保育現場でも見られます。このような追いかけっこは，1歳や2歳児クラスの，仲間と走り回ることが楽しい段階から，3歳児クラスになると徐々にルールのある鬼ごっこへと変化します。

　幼児クラスの巡回相談では，「鬼ごっこの仲間に入りたがるのだけれど，ルールが理解できておらず，一緒に走り回っているだけです。どうすればルールを理解させることが出来ますか？」といった相談を受けることがあります。

　このような場合，保育者は「鬼ごっこは，同じルールで，同じように遊ばなくてはいけない」と考えていることが少なくありません。同じ鬼ごっこであっても，子ども一人一人の楽しみ方は，それぞれ違っています。保育者は，鬼ごっこの「追いかける・逃げる・仲間を助ける」といった楽しみ方だけでなく，「雰囲気を楽しむ・仲間を応援する」といった楽しみ方が出来るように，幅を持たせて指導することで，どの子も楽しめる鬼ごっこを作ることが出来ます。

　一方で，「ルールは理解しているが，自分の思い通りにならないとかんしゃくを起こし，遊びを壊してしまう」という悩みもよく聞きます。発達障がいのお子さんに多く見られ，簡単に答えを出すことは出来ないのですが，このような問題を考える上で，アスペルガー障がいのお子さん（A君）の巡回相談での出来事がとても参考になりました。

　A君は，「逃げ切りたい」という思いが強く，捕まえられても，手をふりほどいて逃げてしまい，さらに仲間からルール違反を指摘されると，かんしゃくを起こしてしまいました。保育者がどうしようか困っていると，子どもの一人が「じゃあ，仲間に助けてもらえるドロケイにしよう」と提案しました。保育者も「そうだね。一回捕まっても，牢屋で待っておけば，友達が助けに来てくれるよ」と，A君を説得してドロケイを始めました。A君はそれでも捕まえられるのは嫌なようでしたが，牢

屋で待っていれば仲間が助けに来てくれることが分かると, 渋々ながら捕まえられることが認められるようになりました。

　このような工夫は, 一朝一夕に出来るものではなく, 日頃から, みんなで遊ぶことが楽しいことを伝えていく, 経験させていくことが大切です。巡回相談では, 子どもの発達や障がいについて理解しておくことはもちろん, 日常の保育で見られる, 遊びの発展過程を理解しておくことも大切です。　　　　　　　　　　　　　　　　　　　　（田中浩司）

第8章　生活の中から子どもの関心を見出して
　　　　仲間との関係につないだ学童保育

三山　岳

　「とにかく友だちを叩きまわっていて大変なんです。1日でも早く来てください！」

　障がい児の巡回相談は，このように切迫した先生の要請から始まる場合がある。友だちにケガを頻繁にさせたり，保育全体の雰囲気が以前よりも悪い方向に変わったと感じられたりするとき，こうした連絡が相談員に飛び込んでくる。先生からのただならぬ訴えから，保育を良くしたいという保育者の願いもむなしく，保育に余裕がなくなり，万策尽き果てて，巡回相談を頼みの綱として期待する状況に追い込まれたことがわかる。この章ではこのような保育者の緊急要請から始まり，子どもの生活から，本人の興味や関心を見出していく中で，次第に保育課題として見えてきた仲間との関係づくりへと相談内容が発展していった事例を紹介する。

　広汎性発達障害と診断された涼太は小学2年生の3月にはじめて学童保育所に入った。学童保育所は公立小学校の空き教室に設置されており，通所する児童40人のほぼ全員がその小学校に在籍していた。一方，涼太は別の小学校にある特別支援学級に通い，学童保育

所になじみの子どもたちはいない状況だった。さらに，涼太は就学前に集団生活を経験したことがなく，特別支援学級も少人数のため，大人数での生活は涼太にとってはじめての経験だった。入所当初は生活の中でパニックになることが多く，子どもたちをつねったり，引っ掻いたりする行動が頻繁に見られた。指導員が保護者に状況を説明すると，学童保育所を辞めてもいいと返され，対応の難しさを感じていた。このため，緊急に相談を行ってほしいと4月になって指導員から相談の申請が提出されたのだった。

涼太はなじみの子どもたちがおらず，さらに大騒ぎや攻撃行動を頻繁に起こすことから，学童保育所の生活場面でも遊びでも，次第に子どもたちは涼太を避けていくようになった。巡回相談ではまずこうしたパニックや攻撃行動に対して，緊急的な対応策を検討することが主な相談の目的となった。その状況が落ち着くと，子どもたちとの遊びが広がらないことや，集団の中で高学年である涼太を学童保育所の対等な一員としてどのように位置づけるのか，という悩みが指導員の中で次第に大きくなっていった。そして悩みつつも統合保育を試行錯誤する中で，自分たちの保育は果たしてこれでよいのかという不安が募っていった。2回目以降の相談は，遊びの橋渡しとなる指導員の関わり方を考え，涼太が集団に位置づくための保育を検討する，といった具合に相談の質が変化していった。

1　指導員からのSOSを受けて，緊急に対応する

学童保育所に入所してから涼太は頻繁にパニックを起こし，指導員や子どもたちの腕をすれ違いざまにぎゅっとつねったり，引っ掻いたりしていた。とくに1年生が被害を受けることが多く，そのま

まケンカに発展することもあった。1年生にはどうして3年生がこのような行動をとるのか理解できなかった。やがて，遊びの時間でもおやつの時間でも，誰も涼太のそばに近寄らなくなってしまった。涼太は学童保育所でのほとんどの時間をプラレールや落書きなどの一人遊びで過ごしており，他の子どもたちの遊びに関心を示す様子が見られなかった。指導員は涼太のこうしたパニックや攻撃行動と，遊びが広がらないことについて頭を悩ませていた。保護者に状況を伝えると「それでは辞めさせましょう」と返されることが多く，率直に協力を仰ぐことができなかった。そうした中，巡回相談が6月に実施され，保育観察では次のような場面が見られた。

落書き帳での文字書き

おやつの後，子どもたちはそれぞれ思い思いに遊んでいた。涼太に声を掛けたり，近寄ってくる子どもはいなかった。障がい児担当の指導員だけが彼の遊びを見守っていた。涼太は一人で文字書き遊びに熱中しており，ひらがなを50音の順に，一文字ずつノートに丁寧に書いていた。そこで相談員がそっと近づき，「からすのか」「きりんのき」と彼の隣でつぶやいてみた。すると相談員のほうをちらと眺めると，しばらくして「め」の字を書きながら「メロン！」，「ま」を書きながら「マヨネーズ！」とつぶやきだした。

涼太が自分の感情を言葉で表現することはなかった。事前資料によれば，小学校に入学したときにようやく単語が出てきたばかりだった。カンファレンスでそのことを確認すると，「自分がしたいことをたまに止められると，自分の言葉で処理できなくて，指導員の

腕をガキッとつねることが多い」ということであった。言葉が未熟なため，自分の感情を他者に伝えられずにイライラすることが多く，攻撃行動へ発展しているのではないかと推測された。そこで指導員たちが，涼太の内面の気持ちをできるだけ言葉にして表現することを試みることにした。さらに保育観察から，涼太の遊びに即して働きかければ，人に対する関心が高まる様子が確認できた。そこで人に関心を示した場合は，コミュニケーションがとれて楽しいという雰囲気を，指導員が努めて意識的に作り出してみようということになった。人と関わることの楽しさを涼太に伝えたい，という指導員の願いがそこにはあった。パニックに対しては，その場から一度引き離して涼太の気持ちを落ち着ける，という対処法を相談員が提案した。ただ，学童保育に適した具体的なやり方は，指導員が考えて工夫することになった。

また指導員たちは「3年生になっても変化が見られない涼太に両親が焦りを感じている」「両親は学童保育に療育プログラムのような役割を期待している」といった具合に，保護者の思いに戸惑っていた。あれもこれもさせたいという両親の希望と，保育での問題状況を伝えたい指導員の間で気持ちのすれ違いが起き，双方に不満が高まっていた。そこで相談員は，涼太の家の近所に住んでいる伯母が彼を迎えに来たときに，指導員と親しげに話していたことを思い出し，「保護者に問題状況の理解を求めるよりも，指導員の悩みに関して伯母さんから助言を受けてみてはどうか」という提案をした。その結果，保護者にも指導員にも関係がつく伯母を架け橋として，指導員の悩みを間接的に両親に伝えていこう，という方針がたてられた。

第8章　生活の中から子どもの関心を見出して仲間との関係につないだ学童保育

　初回の巡回相談を受けて，指導員たちは涼太の気持ちを汲み取り，言葉にしていく取り組みを始めた。涼太はストレスがたまると「ないない！」と叫ぶことが多かった。指導員はその都度，彼が何を嫌がっているのか推察して，「○○が嫌なのね」と粘り強く言葉にしていった。すると3ヶ月後には，激しかった攻撃行動がほとんど見られなくなった。またパニックが起こると，近くの空き教室に連れて行き，自然と落ち着かせるようにした。すると次第に涼太はイライラすると自分で空き教室に向かうようになった。涼太の叫び声に驚く子どもには，『ないない！』というのは『嫌だ』という意味だと伝え，涼太の気持ちが理解できるように促した。

　保護者との関係は劇的に変化した。指導員は保護者に批判的な意見を伝えるのではなく，まず涼太が学童保育所で楽しく遊んでいたと感じたときに，伯母にその様子を丁寧に伝えることから始めた。伯母は「わざわざ涼太のためにすみません」と言いながらも，指導員の話を聴く表情は嬉しそうに見えた。そうした関係をしばらく続けた後，機会を見て今度は涼太と関わる際のコツを伯母に尋ねてみた。最初のうちは伯母も謙遜しつつ，「教えることは何もありませんよ」と遠慮した様子だったが，次第にそのように互いに話をすること自体が，伯母と指導員との関係を深めていく機会となった。そこでこのことに自信をもった指導員は，次に母親との保護者面談のときに思い切って，「家庭での経験から保育に助言が欲しい」と尋ねてみた。すると母親は，家庭で普段している涼太の好きな遊びを話してくれたのだった。それ以来，母親に対して学童保育所での様子などを伝えることができるようになり，次第に肯定的な感情を互いに交わせるようになった。そして保護者はあきらかに以前より学

童保育の活動に協力的になった。時折迎えにくる父親も,「学童保育に通うようになってから,言葉が非常に増えて表情がとてもよくなった」と,指導員に家庭での様子などを語るようになった。学童保育所を辞めさせるという話は保護者からは出なくなり,指導員は長期的な見通しを持って,保育に取り組むことが出来るようになった。

2　仲間との関係が深まるような関心に見たてをつける

入所して半年が過ぎ,涼太と指導員の間に徐々に信頼関係が育ってきていた。しかし曜日ごとに担当の指導員が変わるとしばしばパニックを起こし,その対応に指導員は悩んでいた。子どもたちとのトラブルは減ったものの,遊ぶ仲間としての関係が依然として希薄なままであることも気がかりだった。こうした悩みを受けて,2回目の巡回相談が11月に実施された。

ウレタンの家

遊戯室で涼太がプラレールをして遊んでいると,隣で数人の男の子がウレタンのパネルと毛布を使って,2部屋もある立派な家を建て始めた。それを見た涼太は興味を示して,戸口から入って遊ぼうとした。しかし無言のまま無理やり入ろうとしたので,家が壊れるのを心配した子どもたちは必死に涼太を押し戻した。一方,涼太は入れないことに苛立ち,パニックになる寸前だった。そこで相談員は彼に近づいて「入れてって言うんだよ」と声を掛けると,今度は「入れて」と言いながら中に入ることができた。それでも半ば強引な形だったが,涼太が楽しそうに戸口側の部屋で遊んでいると,そ

のうち子どもたちも狭い家の中で，押し合い圧し合いする状況を楽しむようになった。しばらくすると，涼太は満足した表情で家から出てきて，またプラレールの遊びに戻っていった。

　この場面から涼太の中に子どもたちの遊びに対する関心が育ちつつあることが推測された。しかし相談員には「入れて」という言葉があったにせよ，強引に遊びに入っていった涼太を子どもたちが自然に受け入れたことが不思議だった。指導員の話によれば，「ここ数日は子どもたちが家を作っているそばで，涼太がじっと眺めていることが多かった」とのことだった。このため指導員はその状況に気づいてから，涼太と指導員で同じような家を一緒に作ってみたり，ときには「涼太もこの家で一緒に遊びたいと思っているみたい」と子どもたちに声かけをするようにしていた。ただ，実際に子どもたちと一緒に遊んだのはこの日が初めてで，指導員はとても驚いていた。だが相談員は，指導員が涼太の遊びたい気持ちを読み取って遊びを再現し，さらにその気持ちを子どもたちに言葉として伝えるという働きかけが大きく影響したのではないか，と感じた。そこでカンファレンスではその解釈を伝えた。また，涼太と子どもたちで一緒に家を作れるように指導員が働きかけてはどうか，という具体的な提案を行なった。

　一方で担当の交代によるパニックは，頻繁に担当の指導員が代わることで，学童保育所は安定した安心できる場だという涼太の感覚を崩しているように感じた。そこで，しばらくは特定の指導員に担当を固定し，交代制は他の指導員とも関係が深まるまで延期したほうがよいという意見を述べた。そこで指導員は，曜日ごとの担当制

をしばらく中止し，もっとも相性のよい指導員が継続的に担当するように体制を整えた。また涼太担当の指導員が他の指導員と話すときは，涼太の目の前で大げさに喜んでみたり，指導員同士で抱き合ったりして，指導員の『仲の良さ』を意図的に視覚的に見せることにした。

　巡回相談の後，こうした取り組みを続けていくうち，涼太は少しずつ他の指導員による保育を受け入れるようになった。4年生になる頃には週交代でローテーションが組めるようになった。そしてこの頃になると涼太がパニックを起こしても，彼を保育室から連れ出すようなことはなくなった。涼太が自分で保育室近くの空き教室に向かえるようになっていたからだった。そして子どもたちには，「あなただって思い通りにならないと地団駄を踏むでしょ」と涼太の行動を子どもたち自身の経験に引きつけながら，丁寧にパニックへの理解を求めていった。すると次第に涼太を遠巻きに見る子どもたちが減り，代わりに「(地団駄は)派手だけど，大変な思いをしているね」という言葉が聞かれるようになった。

3　子どもたちがお互いに認め合う関係を支援する

　4年生になると保育環境に大きな変化が生じた。定員が15名増え，1年生が大勢入所してきた。涼太は落ち着かなくなり，子どもたちへの攻撃行動が再び現れるようになっていた。遊びは並行遊びがほとんどで，子どもたちとの関わりは限定的だった。それでもおやつの時間は同じ班の子と一緒に過ごせるようになっていた。この時期，指導員は「4年生としてどのように子ども集団の中に位置づけたらよいのか」といった課題を抱えていた。最高学年の4年生はリーダ

ーとしての働きが期待される学年だった。けれども新1年生から見ても他の3，4年生と違う雰囲気が感じられる涼太を，学童保育所の一員として集団にどのように位置づけるかという問題が生じていた。こうした課題を踏まえて，3回目の巡回相談が実施された。

高学年会議

巡回日当日は『高学年会議』という3年生以上の定期的な集まりが開かれる日だった。今後の行事や遊具の購入など，学童保育所の運営方針を指導員と一緒に考えるため，涼太は担当の指導員とともに会議の場に加わっていた。この日のテーマは，次の1ヶ月でどんな行事をしたいか，というものだった。子どもたちは口々に自分たちの希望を述べていき，この集まりの大切さをどの児童も理解している様子だった。一方，涼太は黙って椅子に座っており，自分の指を見つめながら，前後にゆらゆらと体を動かしていた。涼太に相談したり，言葉を掛ける子どもはいなかった。ところが突然，小さな声で涼太が「……お料理」と呟いた。子どもたちの賑やかな声にかき消されそうなその言葉を，司会の智子先生は聞き漏らさなかった。「そうね，涼太は料理がしたいのね。これも一つよね」と彼の言葉を拾い上げ，一つの意見として取り上げた。そしてこれがきっかけとなり，子どもたちも料理はいいかもという雰囲気になっていった。その後，涼太に対する子どもたちの態度が一変した。リーダー格の龍介は体を前後に揺らしている涼太に，「涼太，ちゃんと座ってよ」とほかの子に注意するのと同じ調子で言葉を掛けていた。

カンファレンスで相談員はこの高学年会議における智子先生の働

きかけに注目した。その働きかけは高学年会議の対等な一員として，涼太の存在を子どもたちがはっきり認識するきっかけとなった。体を揺らし続ける涼太に対して，周りの友だちに注意するのと同じ調子で言葉を掛けた龍介の態度は，そのことを表していた。そこで相談員は指導員によるこうした配慮の積み重ねを行うことが，涼太が対等な存在として集団に位置づくうえで必要だと感じた，という意見を添えた。

しかし，実はこの出来事は決して偶然ではなかった。1週間以上前からすでに，指導員たちは高学年会議の内容について打ち合わせをしていた。そして会議に向けて毎日，意図的に涼太に働きかけていた。それはまず，信頼関係を築けるようになっていた保護者から，料理という彼の好みを確認することから始まった。そして会議の日まで，遊びの中で料理の絵本を読んだり，料理は楽しいねという会話ができるように心がけた。会議では「涼太くんは何が好きなんだっけ」とタイミングよく話しかけることで，「料理」という言葉を引き出していった。かならず「料理」という言葉が出てくるという確信はなかったが，智子先生はいつでも彼の言葉を拾えるように，会議の司会をしながらアンテナを張っていたのだった。

一方，「学童保育所でいろんな経験をさせたい」という保護者の希望は依然として強かった。だが，父親は「伯母の誕生日に涼太が初めてケーキを崩すことなく，きちんと待つことができた」ことを非常に喜び，集団で生活をする学童保育にいっそうの理解を示すようになっていた。カンファレンスでは，学童保育の生活が家庭での生活によい作用をもたらすことを確認するとともに，保護者を保育の協力者として引き続き関わっていくことが話し合われた。

その後「料理」という提案は学童保育所全体の企画として実現された。涼太は企画者として低学年にも知られるようになった。4月には涼太を呼び捨てにしていた子どもたちも彼を高学年として一目置くようになり，「くん」をつけて呼ぶようなった。また3，4年生もその後の高学年会議で，涼太の気持ちに即した提案をするようになった。いつしか涼太は学童保育所の対等な一員として扱われるようになっていた。

4　まとめ

緊急対応を行うことの必要性

障がい児を保育現場に受け入れるとき，保育者が次々と起こる問題状況に手一杯となり，巡回相談を緊急に求める場合がある。そのような場合の巡回相談は保育の差し迫った危機に対して，緊急の対応策を練らなくてはならない。保育者が問題状況に振り回され，学童保育所全体が落ち着かない状況では，保育者だけでなく，子どもたち全体にも精神的な余裕が失われていく。精神的に余裕のない子どもたちに，互いの気持ちを思いやることはできないし，ましてや互いに認め合う関係が形成されることはない。涼太の事例はまさにそのようなケースだった。入所直後からパニックや攻撃行動が頻発し，保護者の協力が得られない状況は，指導員にとって，子どもたちにとって，そして涼太にとって，それぞれに深刻な状況だった。そのため巡回相談で緊急的な対応が必要なケースの場合，まずは生じている問題に対処するところから始めざるを得なかった。またこの事例では，緊急的な対応の中で保護者との関係を軸に支援を進めることが困難だった。そこで保護者との協力に関わる課題を一旦保

留して，まずは目の前の子どもの生活をしっかり見直すことが，涼太が安心して学童保育に通い，指導員が落ち着いて保育に向かい合うために必要だった。

気持ちを言葉にして伝える

　緊急の対応がある程度功を奏し，状況が落ち着いてくると，今度は涼太を周りの子どもたちとの関係の中でどのように保育していけばよいのか，という課題が指導員に生じてきた。ウレタンの家が象徴していたように学童期の子どもにおいては，限られた仲間と隠れ家のような閉じた空間の中で，密接な関係を確認し合う遊びが展開することも多い。家づくりの遊びに関心を持ちながらも，言葉の遅れや対人関係の課題から，遊び集団に加われない涼太は孤立した状態にあった。

　カンファレンスの中で相談員は涼太が抱える困難を発達臨床の視点をもとに説明し，指導員が涼太の気持ちを汲み取って，涼太自身や子どもたちに言葉にして伝えていく大切さを確認した。ウレタンの家で遊びたかったという涼太の思いを指導員は汲み取って一緒にその遊びを再現し，さらに子どもたちにその気持ちを涼太の代わりに伝えていった。そのことが涼太の気持ちに対する子どもたちの理解と，子どもたちと遊ぶことに対する涼太の自信の双方を育て，最終的にウレタンの家のエピソードへと繋がっていったと考えられる。

　また指導員は涼太の気持ちを言葉にするだけでなく，一見すれば奇妙に思える涼太の行為（攻撃行為やパニック）の意味を，段階を踏みながら丁寧に子どもたちに説明していった。その結果，子どもたちも涼太を障がいだから仕方ないと理解するのではなく，「大変

なんだ」と共感するように理解をするようになった。やがてこうした子どもたちの理解は、涼太が学童保育所の仲間の一員として位置づくための豊かな土壌を生み出していった。

ただ、障がい児の気持ちを汲み取って言葉にしたり、その行為を説明したりすればそれで良い、ということではない。障がい児の気持ちを伝えることができたとしても、逆に周りの子どもたちの気持ちを押し込め、我慢させるための、都合の良い抑えこみの道具となってしまう危険性がある。そのような場合、対等な人間の交流が育つどころか、結局は障がい児を弱者として捉えるだけで、表面上の「配慮」をするような状態へとつながりかねない。子どもの気持ちを心から理解したいと願い、その気持ちを伝えることの責任の重さを保育者自身がそれぞれ自覚することは、気持ちを言葉にして互いに伝えるために不可欠である。

対等な仲間としての関係を育てる

学童期の保育では、障がい児と健常児の間の実質的な能力差が目立つようになり、障がい児の参加に向けて集団を育てることが難しくなる。具体的には、学童保育所の一員として、子どもたちが互いに認め合う関係をどのように作るか、ということが課題になる。この事例ではそれが、涼太を高学年としてどのように集団に位置づけるか、という問題となって現れていた。この問題に対して指導員たちは、高学年会議という場を利用しながら、保護者と細かな連携をとりながら保育実践を行っていた。

実のところ高学年会議でのエピソードは、涼太が集団に位置づくための取り組みとして、指導員がとくに意識したわけではなかった。

しかし子どもの意見表明が尊重されているかという視点から，このエピソードを捉えたとき，たしかに涼太の意見は指導員によって汲み取られ，その場で涼太が位置づくきっかけを作っていた。また，指導員は涼太の意見を勝手に造りあげるのではなく，保護者との情報交換を通じて，家庭での生活を含め，涼太が生きてきた歴史そのものの中から「料理」という興味の対象を汲み取り，それを子どもたちに表明するようにしていった。相談員がこのエピソードに注目し，カンファレンスで取り上げたことは，指導員のこうした無自覚の保育を意識化し，これでよいのかと常に悩みながら行っている自らの実践の価値を認めることを促し，さらに励ます働きをしていたといえるだろう。

また，指導員は涼太によるこの料理の提案を，学童保育所全体の活動として低学年と一緒に取り組み，涼太をその企画者として位置づけていった。この指導員による取り組みは，涼太を学童保育所の一員として子どもたちが認め合うために大きな役割を果たした。もちろんそのためには，それまでに普段から涼太の気持ちを言葉にしたり，彼の行為を説明したりと，保育参加に向けた指導員の日常的な働きかけがあったからこそ，この取り組みは実現したといえる。

保育者の実践を可視化する

保育者は日常の細かな保育実践において，ただ遊んでいるのではなく，何らかの活動意図を持って保育を行うことが多い。そのような実践の中には子どもの発達と参加を実現する活動も含まれているが，保育者自身が子どもの発達と参加を実現するんだ，という意識をもって自らの活動を意味づけているかといえば，たいていの場合

は無意識に行っている。巡回相談とはこのような保育者の無意識的な活動を適切に見出してアセスメントを行い，発達と参加の意識を持って助言を提供する支援活動だと言える。つまり，発達と参加を支援する巡回相談とは，障がい児の発達状況を的確に捉えるだけの助言では不十分である。保育者が障がい児に日常的に取り組んでいる保育活動の中から，障がい児の参加を実現している働きかけをできる限り見つけ出して，その良い実践を保育者の中に可視化して，日々の保育に生かされるように働きかけること。そしてそれを踏まえて，障がい児を含めた子どもたち全員が豊かな生活をするための助言を保育者に行っていくことだと言えないだろうか。

第9章　実際の巡回相談の様子
―― 実務の手順と現場を支援する機能

浜谷直人

1　自治体の状況に応じて様々な巡回相談が行われている

　巡回相談という用語は，行政の制度として使われてきたもので，障害児保育や療育の現場で慣習的に使用されてきた。専門職が現場に出向くという意味で巡回という用語が使われてきたが，現場での相談の実施方法などに関して明確な定義があるわけではない。

　例えば，筆者は「専門機関のスタッフが保育園を訪問して，子どもの保育園での生活を実際に見たうえで，それにそくして専門的な援助を行うこと」（浜谷他，1990）と規定したことがある。しかし，全国で実施されている巡回相談を概観してみれば，スタッフの専門性，訪問形式，生活をどのように見るか（アセスメント方法など），援助方法（カンファレンスや報告書の形式など）のどれ一つをとっても，標準があるわけではない。その自治体の条件（保育や療育や専門機関の状況など）にあわせて，さまざまな形式と内容の巡回相談が実施されている。

　今後，巡回相談はどうあるべきかという議論は必要かもしれない。しかし，現在のところ，巡回相談を比較する，わかりやすい基準は

ないので，様々な巡回相談の間に優劣をつけることには意味がないばかりか有害であろう。一つの巡回相談の方法を定義して，それをあらゆる支援の場に押し付ければ，支援は硬直化してしまう恐れがある。

今のところ，その自治体の状況や子ども・園や学校の状況に応じて柔軟に相談のやり方が選ばれるべきだと考える。巡回相談員が置かれた状況においてその人なりの支援実践がある。置かれた状況などが変われば，それは変化するのが自然である。

そういう意味では，どのように巡回相談が実施されているかを詳細に見えるようにする作業が，まず必要である。筆者は，そういう試みを「巡回相談を可視化する」として企画したことがある（浜谷，2008）。

その作業を通して分かったことは，最初に，発達・障害・保育・教育などに関する専門職の知識や技能などがあり，それが，現場に適用されて巡回相談員の専門性が発揮されるのではないということであった。そう把握した途端に，相談員と現場との関係は，一方が支配し一方が依存する関係か，あるいは，両者が分業する関係になってしまう。つまり，相談員の専門性を現場に押し付けることになり，両者が共同的な関係を作ることが困難になる。

それは，現場の実践力を衰退させるだけでなく，相談員の専門性もまた硬直化する道をたどることになる。その先には，人と人のつながりがいっそう切断され，子どもも，保育者も，教師も，孤立化する状況が待っている。

そうではなく，まず，現場と相談員がお互いを尊重し共同する関係があり，その関係が求めることに応じて，相談員が何か貢献しよ

うとする営みの中に専門性が立ち現れるのである。そう把握してはじめて，現場の実践力が高まることに相談員は寄与できるし，同時に，相談員も，その関係から専門性を高めていくことにつながる。

2 巡回相談における現場

相談員が出向く現場とは，就学までは保育園と幼稚園（一括して園とする）であり，就学後は，小学校と学童保育である。これらは，家庭とは別に，乳幼児期から思春期にかけて子どもが日中の大半の時間を過ごし，また，友だちなどと社会的な関係を築くなどの意味で，育ちに大きく影響を与える重要な場である。

障がいをもった子どもの保育園での統合保育は，1970年代に，全国的に制度化され，その中で，研修の充実や保育者の加配置などと共に，巡回相談制度が作られた（浜谷他，1990）。初期は，知的障がい，自閉症，脳性まひなどの障がいをもった子どもが主な対象であった。その後，比較的軽度な発達障がいも徐々に対象となりつつ，すでに30年を越える歴史をもち，広く普及してきている。

最近では「気になる子」などの保育や，障がいをもつ子どもの親との関係作りなどについて幼稚園でもニーズが生まれ，巡回相談が制度化されてきつつある（芦澤他，2008）。学童保育では，全国的に見れば，都市部などの一部の自治体に巡回相談制度があるだけ（浜谷他，2000）だが，障がいをもった子どもの通所人数は増加しており，巡回相談への潜在的なニーズは高い（三山，2008）。そして，小学校では特別支援教育への移行に伴って一挙に一般的に普及してきた（浜谷，2006a）。

そのような生活し遊び学ぶ場が巡回相談の現場であり，そこで子

どもを支援する。同時に，その現場の保育や教育の質の改善に貢献する活動であるという特徴をもつ（浜谷，2006b）。

3 コンサルテーションとしての巡回相談

　筆者は，心理学的な援助手法としては，巡回相談は一種のコンサルテーションであると考えてきた（東京発達相談研究会・浜谷，2002）。すなわち，相談員がコンサルタント，保育者や教師がコンサルティ，子どもがクライエントであり，相談員は保育者・教師を媒介にして間接的に子どもを支援する。

　その目的は，子どもの発達を保障し，子どもが，遊び・生活・学習へ参加することを支援することにある。その際に，子どもや保育者・教師や現場の状況に関するアセスメントを重視する。そういう支援活動だと考えている。ただし，これは巡回相談員の中で，あくまで一つの立場である（浜谷，2005）。

　アメリカでは，97年改正障害者教育法（The Individuals with Disabilities Education Act Amendments of 1997：通称 IDEA'97）の施行によって，幼児期の特殊教育が広く実施されるようになった。それを支援するための専門家が各学校区に属して，巡回コンサルタント（itinerant consultant）や，巡回インクルージョン支援スペシャリスト（itinerant inclusion support specialist）などという名称で，日本の巡回相談員とよく似た活動を開始している（Richardson-Gibbs, 2004）。その実践について検討が始まっているが，日本と同じように，多様な専門性を背景にもつ専門家が，様々な相談形式で実施していて，共通項を明示できる段階にはない。

　そこで，筆者は巡回相談を発達臨床コンサルテーションと規定し

て，その特徴を4点に整理した（浜谷，2005）。そのうち，巡回相談は保育者を介しての子どもへの間接支援であることと，保育などの場に即した生態学的に妥当なアセスメントを行なうことという2つの特徴は，なぜ，相談員が現場に行く必要があるかという巡回相談のもっとも基本的なあり方を規定する重要な点であると考える。この2点に関わる問題を以下に述べる。

4　対象児だけに問題を見る危険性

巡回相談では，保育者や教師が，対象児への対応に関して相談を依頼する。巡回相談が持っているこの構造は，対象児だけに問題があると見なして，対象児＝問題児とする可能性を常にはらんでいる。これを別の視点から言い換えれば，対象児の行動とは，そもそも，いろいろな状況要因によって規定されるという重要な事実が見逃されやすいという危険性がある。

例えば，一般論として，保育者や教師は，子どもに保育（授業）中，静かに着席して先生の指示を聞いてほしいと考える傾向がある。あるいは，そうするのが当たり前だと考えがちである。しかも，相談を依頼するときには，保育者・教師は，気持ちのゆとりを失っている場合が少なくない。そういう切羽詰った状況では，いっそう，子どもが静かにしてくれないことを問題視する傾向がある。

そういうときに，例えば，保育者・教師は相談員に，対象児（ケン君とする）が先生の話を聞かず，立ち歩いて落ち着きがないと訴える。相談員は保育者・教師が提示する資料や話をもとに，「ケン君は多動傾向がある子どもである」とアセスメントしたとする。そして，例えば，専門機関や通級教室などでの個別の指導や訓練によ

って着席行動の形成を目指すことが望ましいと助言する。

やや，単純化しすぎているかもしれないが，このような相談が行われた場合，ケン君を支援するという名目で，実際には，ケン君をクラスの保育や授業から排除して，そこに参加する権利を奪うことになりかねない。つまり，支援するという名目で，実際にはケン君の権利を侵害する恐れがある。

子どもが落ち着かなくなる要因は多様にある。保育や授業が退屈ならば，子どもが落ち着かなくなるのは自然なことである。そのケン君が，別の保育場面や図工などの専科の授業では，見違えるように集中し落ち着いて活動していることは珍しくない。ケン君の落ち着かない行動は，担任に対して分かりやすく楽しい保育や授業をしてくれと訴えているのだと解釈される可能性がある。少なくとも，図工の授業のときに見せるケン君の姿から，担任は自分の授業や指導法について改善するヒントを得ることができるはずである。

また，ケン君をからかう子どもが欠席している日には，落ち着いているということがある。その場合，からかう子どもの状況（しばしば，発達の未熟さや心理的な不安をかかえている）を明らかにして，その子どもこそが適切に支援されねばならない。そうすれば，ケン君は落ち着いてくるのである。

そのような要因を検討することなく，巡回相談員が，ケン君は発達障害だからとか，ケン君の家庭環境に問題があるから落ち着かなくなるという見方をすることがある。それでは，依頼者（保育者・教師）の表面的な意向に沿った相談となり，子どもを支援するという目的から見て不適切である。

5　現場を見ない，資料を見ない相談の危険性

例えば，実際の保育や授業を見ないで，保育者・教師からの聞き取りをもとに，1，2時間程度の話し合いだけをするような巡回相談の場合，ケン君の行動に影響を与える多様な要因をほとんど検討しない相談にならざるをえないことがある。そのため依頼者の考えを前提にして，ケン君だけに問題があるとする危険な相談を行う恐れがある。

一度に何人もの相談対象児について同時に助言を求められるような相談形態の場合も，状況を単純化して，ケン君だけの要因しか検討しない相談をしてしまう恐れがある。

また，相談員が実際の保育や授業は見るが，「先入観をもたずに，まっさらな気持ちでケン君に向かい合いたい」というような言辞で，ケン君や保育などの状況に関する資料は不必要だと言う場合がある。たしかに資料を読むことは，相談員がケン君の行動を解釈することに影響を与える。もちろん，資料の中の情報にはときには不正確で誤った情報が含まれていることがあるかもしれない。そのため，ケン君の行動を極端に誤解してしまうことがないとはいえない。

しかし，たいていの場合は，資料をもとに観察することによって，より整合的で妥当な解釈ができるのである。

相談員は，どのような努力を行っても，観察した現象を解釈する際に，なんらかの偏りから免れることはできない。その偏りを小さくするためには，できるだけ多くの関係資料や観察にもとづき，幅広い情報から判断を行うしかない。

「先入観なしにまっさらな状態で」と言う相談員は，その言葉と

は裏腹に，特定の偏った見方に依拠して現象を解釈する危険性をもっている。

巡回相談員の雇用形態もまた，相談のあり方に影響を与える可能性がある。

現在，多くの巡回相談員は，行政に雇用される職員であるか，ないしは，行政との契約関係のもとで仕事をしていると思われる。相談先である園・学校・保育者・教師に直接雇用されているわけではない。この雇用形態であれば，相談員は派遣された園・学校の意向だけに強く影響されることなく，子どもの人権を尊重する立場に立つことができる。

ところが，園や学校から直接に相談員が雇用される（相談料などが支払われる）場合は，園・学校の意向を過剰に汲む危険性が高くなる。それが結果的にケン君個人の問題だけに視野を狭めた相談になる危険性をもつ。

6　支援対象児を含む支援対象状況をアセスメントする

対象児のことがきっかけで相談は始まるのだが，相談員は，対象児を含む問題状況全体をアセスメントしなければ事態を把握することはできない。対象児の状態は問題状況を構成する重要な一部であることは間違いない。しかし，園の場合，保育の状態，他の子どもたちの状態，職員の状態（職員集団の関係性・風土は重要な要因である），クラス・園環境など多数の要因が問題状況を構成し，それらの関係によって問題状況が作り出される。巡回相談の主要な作業は，それらの要因が交錯しながら問題状況が作り出されるあり様を丁寧に描く作業である。

第9章　実際の巡回相談の様子

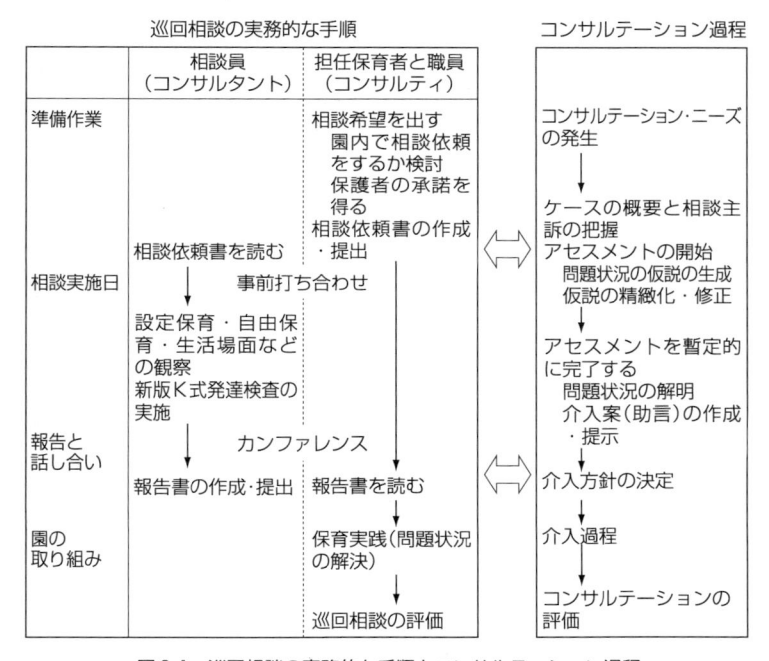

	巡回相談の実務的な手順		コンサルテーション過程
	相談員 （コンサルタント）	担任保育者と職員 （コンサルティ）	
準備作業		相談希望を出す 　園内で相談依頼 　をするか検討 　保護者の承諾を 　得る 　相談依頼書の作成 　・提出	コンサルテーション・ニーズ の発生 ケースの概要と相談主 訴の把握
相談実施日	相談依頼書を読む 事前打ち合わせ 設定保育・自由保 育・生活場面など の観察 新版K式発達検査の 実施		アセスメントの開始 　問題状況の仮説の生成 　仮説の精緻化・修正 アセスメントを暫定的 に完了する 　問題状況の解明 　介入案（助言）の作成 　・提示
報告と 話し合い	カンファレンス 報告書の作成・提出	報告書を読む	介入方針の決定
園の 取り組み		保育実践（問題状況 の解決） 巡回相談の評価	介入過程 コンサルテーションの 評価

図9-1　巡回相談の実務的な手順とコンサルテーション過程

　問題状況を描くためには一定の材料が必要である。これだけは必要だとか，これで充分というものが決められるわけではないが，一例として，筆者が行っている巡回相談の手順（図9-1）で説明する。この図は，巡回相談の実務的な手順を，それに対応する心理学的なコンサルテーションの過程に対応させて時系列的に整理したものである。

　まず，担任は対象児の状況（育ちと障がいに関する内容・療育歴・入園時の状況など），クラスの状況（担任と担当の役割，子どもたちの状況など），家庭状況と保護者の考えなどを記載した依頼書を作成

する。とくに，対象児の状況については，最近の様子・それまでの保育の取り組み・指導上困っていることを詳細に記載する。また，保護者からは，生育歴，入園前の様子，家庭を含む園外での様子，園に望むことに関する記録と意見が提出される。

相談員は，相談日の前にこの依頼書を読み，ケース状況を整理して相談主訴がどのように生じているかに関する仮説を立てて相談当日にのぞむ。依頼書の作成から相談日まで時間が経過している場合は，相談当日の最初に，担任などから最近の状況の変化などについて聴き取りを行い，仮説を精緻化したり修正したりする。また，担任保育者の主訴に対応して，当日の保育のどういう状況を観察するかについて打ち合わせする。クラスの中で対象児との関わりが多く相互に影響を与える子どもの座席や特徴などの重要な情報を確認する。

その上で，クラスの中に入り，保育場面（設定場面・自由遊び・生活場面の異なる3つの場面など）の行動観察を行い，対象児の発達と障がい，保育者の関わり，対象児と他の子どもの関係等について情報を収集する。保育のタイプや担任・担当保育者の話しかけ方・どの子どもと関わるかなどで，対象児の様子が見違えるように異なることが良くあるので，できるだけ多様な場面で観察する。

さらに，担任保育者の同席のもとで，別室で発達検査（新版K式発達検査）を実施する。クラスでは5分と座っていることができなかった対象児が30分以上の間，身じろぎもせずに課題に向かうということは珍しいことではない。その様子を，直接，担任が見ることで，驚くだけでなく，子どもをより広い視点から見ることができるようになっていく。

筆者の場合，発達検査は発達指数やプロフィールを出すことを主目的としていない。他の子どもがいない，静かで落ち着いた雰囲気で，大人が一対一で，持っている力を引き出すように援助し待ってくれるような状況において，対象児がどのような振る舞いをするかに関する情報を得るために検査を行う。とりわけ，課題に向かう態度や，できないときにどう振舞うかという情報は，保育場面の行動を解釈する上で貴重な示唆を与えてくれることが多く，そのことをもとにして，保育者が自分の保育のあり方や対象児との関わりへの気づきをうることになる。したがって，検査中，常に，保育場面との関連を考えながら課題を提示したり観察したりする。

　園の場合，午前中に収集した情報を総合して，短時間で対象児を含む支援対象状況についてアセスメントすることになる。その結果を，カンファレンスで説明し，関係者全員でそのアセスメントを検討し今後の支援のあり方を話し合う。

　カンファレンスは，対象児の状況をどう見るかについて，出席者全員で意見を出し合う場である。担任だけでなく，他クラスの保育者，園長，フリーの保育者，看護師などがそれぞれの立場で見てきた対象児の状況に関する解釈を提供する。その過程で，相談員のアセスメントや助言は，より妥当なものへと修正されていく。相談員はその過程で保育者などの関係者から単に情報を得るだけでなく，保育に関して多くを学ぶ。

　経験的には，巡回相談過程全体において，相談員から保育者に情報や判断を与えるという一方向的で指示的になる場合は，その相談は実り多い成果がある相談だとはいえない。むしろ，自分のアセスメントがカンファレンスを経ることで修正され，膨らんでいくよう

な相談の方が実りが多いと感じている。

　また，この実施手順は，依頼する保育者にとって敷居が高いという特徴がある。つまり，上述したように保育者が詳細な相談依頼書を作成すること，保護者の承諾を得ることなど，関係者間の合意形成を得ることや，相談対象児・周辺状況に関して整理して文章化することを経なければ相談依頼ができない。

　さらに，園から依頼されて，実際に相談に行くまでに2，3ヶ月を要するのは普通である。その相談時の冒頭，「相談依頼を出したときには，たいへん困った状況だったが，今は，だいぶ落ち着きました」と保育者が言うことが珍しくない。依頼書を記入する過程でも承諾を得る過程でも，子どもの状態や保育を振り返り確認する。それは，担任保育者が単独で行うわけでなく職員間で話し合う作業を伴う。そういう過程で，おそらく，子どもの見方や保育が見直され，それで結果的に問題状況が改善されるのであろう。

　現場からは，電話一本で来てくれる手軽な相談を求める声があるが，この手順を大切にするのは，この敷居が高いという巡回相談の特徴が，園の保育力を結果的に高める働きがあると考えるからである。

7　巡回相談の支援機能

　巡回相談を，保育者の主訴に対して相談員が応えると単純に考えると，その支援機能は，よくある主訴，例えば，「問題行動をなくしたい」，「言葉を育てたい」などに関する保育方法を助言するということになる。つまり，保育実践を支援するという機能をもつことが期待され，実現されると考えられる。

第9章　実際の巡回相談の様子

しかし，巡回相談を受けた保育者からは，「気持ちが楽になった」，「保護者と話がしやすくなった」，「他クラスの保育者にも理解してもらい協力が得やすくなった」など多彩な感想が寄せられる。そういう保育者の巡回相談に関する評価を分析すると，幅広い支援機能をもつことが分かってきた。

表9-1は，保育者から寄せられた感想を27項目に整理してまとめたものである（浜谷，2005）。

巡回相談の実施約1ヶ月後に，表の項目からなる質問紙を送付し，相談時のカンファレンスに出席した保育者それぞれに巡回相談に対する評価を依頼し，その結果を分析した。全体に，どの項目においても高い評価を得ることができたことから，巡回相談は相談員が考える以上に，多様な支援機能をもつことがうかがわれた。

もちろん相談事例ごとに，バリエーションがあるが，概括すると巡回相談は，図9-2に示すような支援機能をもつと考えられる。

カンファレンスの場や報告書で，相談員はアセスメントを提示し助言を行う（実際には，保育者とカンファレンスの場で共同してアセスメントを作りあげる）。そこで，保育者は障がいや発達状況などの対象児に関する理解を得たり深めることになる。同時に，それまでの自分の保育実践のどこが適切であったかなどについて評価し，必要ならば新たな保育方針を作成する。これらは，保育者が巡回相談において最初に受ける支援であるという意味で第1次支援である。

次に，それらをとおして，共通理解に基づいた職員間の協力関係が形成され，保護者との協力関係，外部の専門機関との連携（専門機関との連携が必要なケースは一部である）を円滑にしたり，強化する。それが第2次支援である。

表 9-1 保育者が巡回相談にもつ感想（27項目）と，その評価

	評価の平均値 （1から4点）	評価の順位 （高い順）
1 どんな遊びや活動を保育にとりいれたらよいかが見えてきた	2.90	13
2 どのように子どもにかかわればよいかが見えてきた	3.00	11
3 子どもの問題行動への対処法が見えてきた	2.76	20
4 これからの保育の目標が見えてきた	2.85	15
5 保育の日課を見直すことができた	2.78	19
6 子どものことばなどの発達を促すにはどうすればよいかが見えてきた	2.73	22
7 担当の役割など，保育体制についての示唆が得られた	2.91	12
8 これからの保育の見通しを持つことができた	2.83	16
9 障害児保育の意義について理解を深める機会になった	3.19	5
10 自分の保育観について考えを深める機会になった	3.14	7
11 保育について理解を深める機会になった	3.27	3
12 発達や障害について理解を深める機会になった	3.50	1
13 障害児保育の制度や仕組みについて理解を深める機会になった	2.78	18
14 職員間で協力して保育するようになった	3.12	8
15 保育の取り組みへの意欲が高まった	3.17	6
16 どんな問題があるかを考えるようになった	3.23	4
17 保育や障害などについてもっと知りたいと思うようになった	3.33	2
18 日頃の悩みや疑問を聞いてもらって気持ちが楽になった	2.78	17
19 自分たちの保育に自信をもつことができた	2.44	25
20 それまでの保育の意味や成果を確認できた	2.86	14
21 問題を整理することができた	3.06	10
22 子どもについて職員間の共通理解がすすんだ	3.12	9
23 園と保護者との関係がよくなった	2.43	26
24 他の専門機関との連携が進んだ	1.98	27
25 保護者へどう対応したらよいか知ることができた	2.51	24
26 周囲の子どもとのかかわりについて示唆が得られた	2.73	21
27 他の子どもの保育への示唆が得られた	2.62	23

（注）平均値は，評価値1から4の範囲

第9章　実際の巡回相談の様子

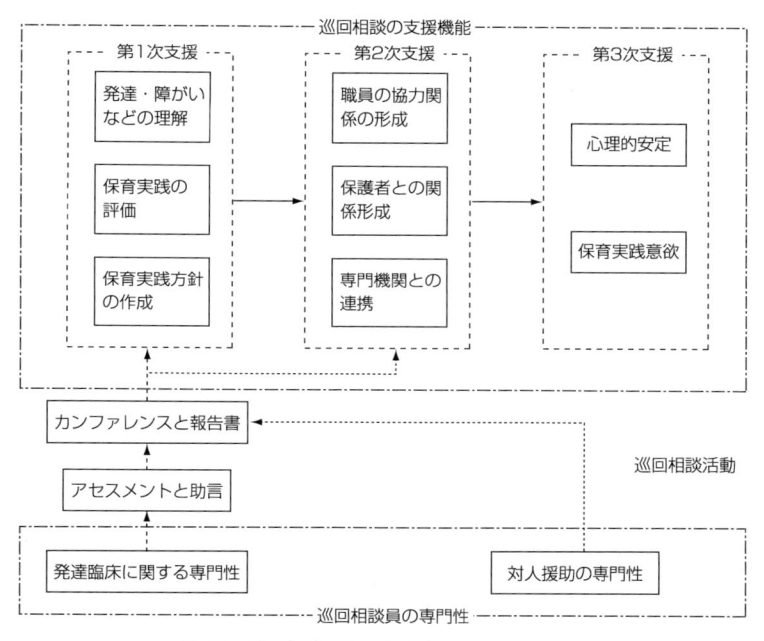

図 9-2　巡回相談による保育実践への支援モデル

　その結果，保育者は心理的に安定するとともに意欲的に保育実践に取り組むことができるようになる。これが第3次支援である。

　このようにみると，この巡回相談は，対象児・クラス・家庭に関する資料，関係者への聞き取り，保育場面の観察，および，発達検査によるアセスメントによって，担任が第1次支援を十分に受けることができるような，所見と助言を提示することが中核的な部分である。

　同時に，関係者の全員参加のカンファレンスと関係者への報告書の配布によって，担任が第2次支援を受けることができるようにす

189

る。とりわけ，カンファレンスを中心として，関係者が共同的に相談に関与して，状況の理解を進め，保育実践の方向性を共同的に考えるとともに共有し支持する点が重要である。それらが有効に行われれば，結果として，担任は第3次支援を受けることになると考えられる。

文献

芦澤清音・浜谷直人・田中浩司　2008　幼稚園への巡回相談による支援の機能と構造：X市における発達臨床コンサルテーションの分析　発達心理学研究, **19**(3), 252-263.

浜谷直人　2005　巡回相談はどのように障害児統合保育を支援するか：発達臨床コンサルテーションの支援モデル　発達心理学研究, **16**(3), 300-310.

浜谷直人　2006a　小学校通常学級における巡回相談による軽度発達障害児等の教育実践への支援モデル　教育心理学研究, **54**(3), 395-407.

浜谷直人　2006b　障害児等のインクルージョン保育を支援する巡回相談　心理科学, **26**(2), 1-10.

浜谷直人　2008　巡回相談を可視化する　発達, **114**, 62-63.

浜谷直人・秦野悦子・松山由紀・村田町子　1990　障害児保育における専門機関との連携：川崎市における障害児保育巡回相談のとりくみの視点と特徴　障害者問題研究, **6**, 42-52.

浜谷直人・西本絹子・古屋喜美代　2000　学童クラブにおける障害児保育の現状と課題：公設公営学童クラブの保育実践の事例分析　障害者問題研究, **28**(3), 273-283.

三山岳　2008　統合学童保育の巡回相談に求められる支援ニーズ：都内のある自治体における学童保育指導員への質問紙調査から　発達心理学研究, **19**(2), 183-193.

Richardson-Gibbs, A. M. 2004 Itinerant consultation in early childhood special education: Personal reflection from a practitioner. *Journal of Educational and Psychological Consultation*, **15**(2), 177-181.

東京発達相談研究会・浜谷直人（編著）　2002　保育を支援する発達臨床コンサルテーション　ミネルヴァ書房

コラム　巡回相談と新版Ｋ式発達検査2001

　巡回相談では，新版Ｋ式発達検査2001（以下Ｋ式）を実施して子どものアセスメントに役立てることがあります。Ｋ式は，京都市児童院（現：京都市児童福祉センター）で作られた発達検査です。1951年に作成されてから，いくつかの改定を経て現在の形になりました。「姿勢・運動（粗大運動に関わる領域）」「認知・適応（視覚的な理解や微細運動に関わる領域）」「言語・社会（言語理解・表出やコミュニケーションに関わる領域）」の３つの領域に分かれており，それぞれDA（発達年齢）とDQ（発達指数）を算出することができます。課題が設定された月齢の子どもの50％が通過（成功）できるものが課題として採用されています。

　Ｋ式は「半構造化された検査法」（川畑，2005）と呼ばれるように「柔らかい」検査といえます。マニュアルに「検査全体が一つの遊びになることが望ましい」と書かれており，検査課題の正否だけでなく，子どもがどのように反応し，関わったのかが重要視されています。課題は，日常生活で接する機会が多い玩具が多く遊びとして取り組みやすく，子どもの様子に合わせて実施順序を検査者が組み立てることができるのが特徴です。また，結果をプロフィールとして視覚的に表すことができ，発達の特徴を保育者や保護者と共有しやすい面があります。

　巡回相談で検査を用いる利点は，子どもの発達年齢を数値としてあらわすことだけではありません。検査場面は日常的な保育の場とは異なったものです。保育場面では見えにくかった弱さや強さが明らかになることがあります。また担任など，その子を良く知っている保育者に同席し見学してもらうことで，検査結果と保育者の見ている子どもの姿のギャップを明らかにし共有することができます。

　巡回相談での発達検査を行う意味の一つは，保育と検査という２つの場面での子どもの姿を比較できる点です。どちらが正しいというのではなく，両者の結果を元に保育を作る材料にすることが望ましいといえま

す。検査は実施手続きを遵守する必要はありますが，検査課題だけに捉われることなく，子どもとの相互作用から反応を導き出すための遊びとして利用することが重要です。そのため，子どもへの負担が少なく，数値にこだわらず子どもの反応を見ることができ，プロフィールによって結果を共有しやすいK式は，巡回相談と相性のよい有用なアセスメントツールといえます。

(飯野雄大)

文献

川畑隆・菅野道英他　2005　発達相談と援助：新版K式発達検査2001を用いた心理臨床　ミネルヴァ書房

下山晴彦・松澤広和編　2008　実践心理アセスメント　日本評論社

第10章　インクルージョンの実現と巡回相談の役割

浜谷直人

1　専門職が障がい児を支援する形態

　保育や教育の現場において，心理職などの専門職は，どのように子どもや保育者・教師と関係をもち貢献することができるのだろうか。

　現場における，専門職による障がい児等への支援はいくつかの異なる形態に分類することができる。巡回相談による支援の特徴を明確にする観点から，その形態を整理してみる。

　専門職による障がい児への支援形態は，障がい児と専門職の2者関係だけで決まるわけではない。巡回相談のように，保育の場で障がい児を保育者が集団的な活動の場で支援する場合，その保育という場をどのように考えるかによって支援形態は決定的に異なる。とくに，障がい児が保育の場にいる状況を，統合（インテグレーション）と見なすか，インクルージョンと見なすかは重要な違いである。

　統合とインクルージョンの違いは，障がい児と健常児の関わり方の単なる程度の違いではなく，両者は本質的に異なる（第1章参照）ものである。その本質的な違いがわかるように，図10-1から図10-3

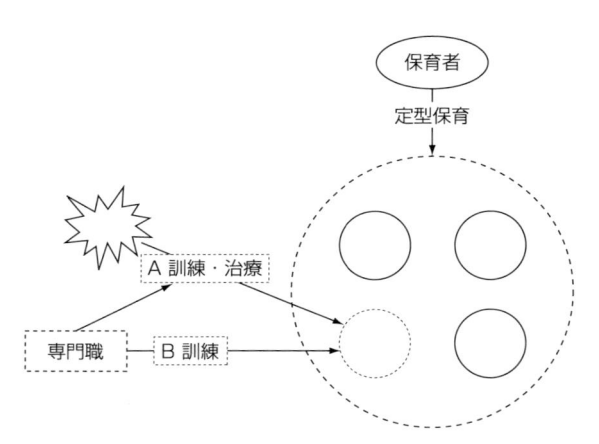

図10-1 統合(インテグレーション)における取出し式の支援(A)と現場型支援(B)

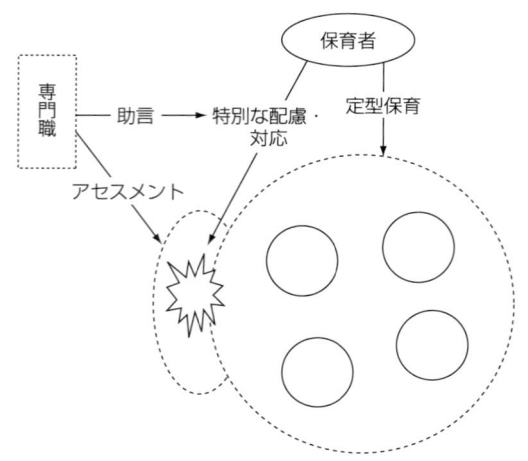

図10-2 統合(インテグレーション)における巡回相談の支援

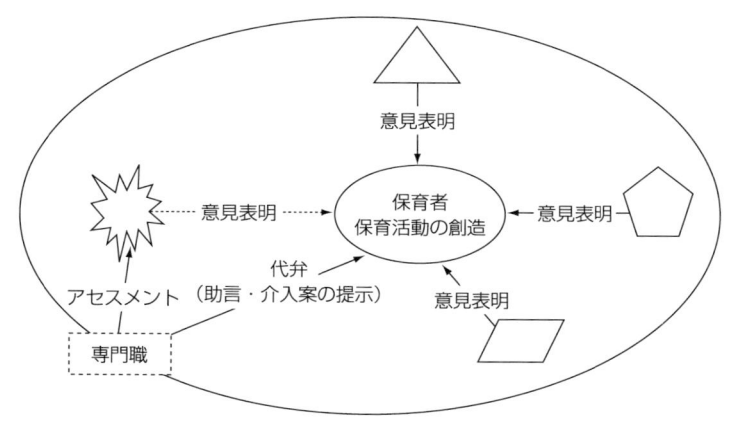

図 10-3　インクルージョンにおける支援

で，統合保育とインクルージョン保育の基本的な構造を模式的に示した。とくに，障がい児を支援する専門職の関わりを加えて両者を図式化した。

図10-1から図10-3において，○で示したのは健常児を示し，ぎざぎざ形は障がい児を示す。保育の場を統合と考える場合，健常児はそれぞれに個性の差異はあるにしても，保育者が保育をするという視点からは，一定の範囲の均質な子どもであると考える。そういう比較的均質な集団に対して保育や指導が行なわれていることを前提にする。その定型的な保育の場に障がい児を統合しようとしたときに，様々な問題が生じ，定型的な保育を行なうことが困難になる。そのような問題の解決に向けて専門職が支援する。

そのような保育における障がい児の統合において，これまで専門職が支援する場合，2種類の支援があった。一つは，いわゆる取り出し式の支援である（図10-1のAのように支援する）。つまり，保育

とは異なる場（各種専門機関など）に障がい児を取り出して、そこで障がい児に対して治療・訓練などを行う。それによって、定型保育の中で適応的に行動できるように支援する。

図10-1のAにおいては、治療・訓練などによって、ぎざぎざ形の障がい児が破線の○に変化したことが治療・訓練などの効果を示している。行動療法や遊戯療法など、背景とする専門性と治療・訓練技法は多様であるが、取り出し式での治療・訓練は、心理職による障がい児への支援として、これまでもっとも一般的なものであった。行動療法の場合、治療・訓練したことが保育場面で汎化するかどうかが治療訓練の成否を決定すると考えられている。遊戯療法の場合、子どもの心理的な葛藤が解決されることによって保育場面の行動が改善されると考えられる。いずれにしても、取り出した場での治療・訓練効果が保育の場で、子どもの状態を改善するかどうかの成否を決定する。

もう一つの形態は、取り出し式に比べると一般的ではないが、保育場面での友達関係に必要なソーシャルスキルのようなプラグマティックなスキルを現場で訓練するものである（図10-1のB）。たとえば、言語聴覚士や作業療法士などの専門職が、現場に出向いて治療訓練を行なうことは珍しいことではない。その場合、子どもの発語・摂食・歩行など、ターゲットを明確にした機能への専門的な指導を専門職が行っている。巡回相談の保育現場でも、心理職が障がい児を直接指導する役割をもつと理解されて、保育者がそれを期待している場合がある。

図10-1のAの取り出し式であれ、Bの現場方式であれ、統合における伝統的な専門職の支援においては、健常児集団への定型的な保

第10章　インクルージョンの実現と巡回相談の役割

育を前提にして、その保育に障がい児が入ることができることを専門職が支援するという点は共通している。

2　統合保育の巡回相談における専門職の支援形態

一方、巡回相談においては、相談員（専門職）が障がい児を統合保育の場で支援する構造は、図10-2のような形態をとると考えられる。まず、健常児集団に対しては保育者は定型保育を行なっている。図10-1のAのような取り出し式の支援を受ける場合でも受けない場合でも、保育者は障がい児に対して定型保育では対応できないような、特別な配慮や対応をすることが求められる。したがって、図10-2において、障がい児だけは、健常児の個性の範囲の差異とは異なるという意味で、ぎざぎざ形で示してある。

専門職は、障がい児の状態や、障がい児と定型保育の関係などについてアセスメントし、保育者が障がい児にどのような特別な配慮や対応をする必要があるかなどについて助言する。

図10-2における、障がい児と健常児集団の位置関係や、定型保育に対する障がい児への配慮・対応の関係などは、実際の事例によってある程度変化するが、大まかな構造としては以上のように整理できる。

現在、特別支援教育が進展する中で、発達障害児に対する個別の配慮が必要であるとか、個に応じた支援が必要だと言われているが、その場合の配慮や支援のイメージは、概ね、図10-2のように考えられていると思われる。

3 インクルージョンにおける支援形態

　図10-1と図10-2は，いずれにしても，それぞれ，統合という枠組みの中に入る。それに対して，インクルージョンでは，図10-3に示すように，子どもは一人一人異なることを前提とする（子どもは，それぞれ異なる図形で示した）。つまり，均質な健常児集団に対する定型的な保育を前提としない。子どもは，それぞれに異なる発達要求や興味や能力をもっていて，それに応じた保育を求めているとする。その保育への要求を，子どもの意見表明だと考える。保育者は，集まった子どもの意見表明を受けとめ，全体の保育を創造すると考える。

　保育者は健常児の意見表明を理解し受けとめるときでも，誤解することがある。障がい児の意見表明を受けとめることはさらに困難だったり，誤解したりすることが多い。たとえば，第2章の相談事例において，相談対象児が「教室を飛び出す」，「朝の会の時間に一人だけ大声をあげる」などの行動を，保育者は問題行動とみなして注意・制止しようとした。しかし，その行動が，子どもたちからの，もっと楽しい保育をしてほしいという意見の現われだとなかなか理解できない。つまり，保育者が障がい児の意見表明を誤解することがしばしば見られる。そこで，専門職は障がい児や保育の状況に関する情報を整理したり，行動観察などを行なって，障がい児の意見表明を適切に解釈（アセスメント）して保育者に代弁して伝える役割を担う。

4 インクルージョンにおける間接支援

　障がい児を含めた子ども集団の保育の場を，統合と見るかインクルージョンと見るかの違いによって，支援が必要な状況の捉え方が大きく異なることになる。統合と見た場合，障がい児が定型的な保育に適応できない状況ととらえ，専門職は，その状況を改善する役割を期待される。そのような支援ニーズに対して，専門職が障がい児を直接指導する場合と，保育者が障がい児に関わることに関して支援する場合がある。

　これに対して，インクルージョンと見た場合，支援が必要な状況とは，保育という場を，異なる意見をもつ子どもたちと，その異なる意見を受けとめて保育を創造する保育者から構成されるシステムと捉え，そのシステムが機能的に混乱している状況であるとみなすという解釈ができるのではないだろうか。

　そう解釈すれば，専門職は，そのシステムにおける権限と責任がある保育者が，システムに対する統御力を再建することによって，システムが混乱から回復するように支援することになる。ただし，ここで，混乱した状態とは，子どもの意見が尊重された保育が実現されていない状態であり，回復とは，一人一人の子どもの意見が平等に尊重された保育が実現された状態へ移行することと考える。言い換えれば，保育の場を構成する子どもが対等に参加している状態（第1章参照）を実現するように支援する。

　したがって，巡回相談をコンサルテーションという心理的な支援の枠組みで考えるときに，コンサルタント（相談員），コンサルティ（保育者），クライエント（子ども）の3者の関係について，コン

サルタントがコンサルティを介してクライエントを支援する（東京発達相談研究会・浜谷, 2002）という説明では不十分である。むしろ, コンサルタントは, クライエントを含むクラス集団に対するコンサルティの統御について支援するという枠組みで理論化される必要がある。すなわち, 以下のように整理することができる。

　統合における支援図式：
　　コンサルタント→コンサルティ→クライエント
　インクルージョンにおける支援図式：
　　コンサルタント→ コンサルティ→クライエントを含むクラス集団

5　インクルージョンにおける平等の問題とアセスメント

　近年, 巡回相談の対象児としてもっとも相談事例が多いのは自閉症・アスペルガー障害を含む広汎性発達障害児である。巡回相談では, 対象児の発達と障がいの状態と保育の状態についてアセスメントする。アセスメントは巡回相談が支援機能を発揮するうえで, もっとも重要な部分である。

　インクルージョンにおける支援図式で, 巡回相談におけるアセスメントのあり方を考えるならば, クライエント（対象児）を含むクラス集団に対するコンサルティ（保育者）の関係をいかにアセスメントするかということが問題になる。しかしながら, このような点については, これまでほとんど研究が行なわれていない。以下に巡回相談でよく遭遇する状況を例にとり, この問題を考えてみる。

　年長クラスの広汎性発達障害児をA児とする。「A児はしばしば, 奇声を発したり, ルールを逸脱した行動をしたりする」と保育者が訴える。保育者は, ときどきA児の行動を禁止・制止し, ルールを

守るように言い聞かせる場面がある。A児の行動に対して，どのような対応をするかについて巡回相談では助言を求められることが多い。

図10-3に基づけば，A児の奇声，逸脱行動などを，A児の意見表明と考え，その意見内容を種々の資料や観察から相談員がアセスメントして，それを保育者に伝え，保育者がA児の意見を尊重した保育を創造することができるように支援することになる。このようなアセスメントができるためには，発達や障がいなどに関する専門性だけでなく，保育に関する専門性が要求される。

一方，A児の奇声・逸脱行動などに対する保育者の対応は，保育者と他の子どもとの関係から影響を受ける。典型的な状況では，A児の逸脱行動に影響を受けて類似の逸脱行動をする子ども（B児とする），A児の逸脱行動に対して保育者のようにないしは保育者以上に注意したり制止したりする子ども（C児とする），A児が逸脱行動をするように挑発する子ども（D児とする）などの子どもが何人かいるために，その子どもの存在が保育者のA児への行動に影響を与える。

広汎性発達障害児は，特定のことに強いこだわりを持ち，他者の気持ちや周囲の状況にあまり関心をもたないために，クラスのルールを守らなかったり，クラスの活動の支障になることをしたりすることが多い。それが逸脱行動と言われるのであるが，それは広汎性発達障害児の特徴であり，それを注意したり，制止したりすることによって短期間で行動が改善されるわけではない。また，そういう行動にとらわれずに保育者が保育を進行し，クラスの子どもが楽しく活動すれば，A児はそれほど混乱することなく落ち着いている場

合が少なくない。

　保育者は，とくに巡回相談のような専門的な支援を得なくても，そのことは分かるようになるのが普通である。つまり，A児の逸脱行動に注意や制止をすることはかえって，A児を不安定にするので，とくに注意しない方がよいと考えるようになる。そして，どの子どもも大切にするような保育を継続的に積み上げていく。

　ところが，B児のような子どもがクラスにいた場合，B児はA児につられて意図的に逸脱的な行動をすることがある。そのような場合には，保育者はB児に対しては注意をせざるをえなくなる。そうすると，B児は，なぜ自分だけが注意され，A児は注意されないのかと反論する。

　また，C児のような子どもは，A児はルールを守ることができないが，自分は守ることができるということを明らかにすることによって，自分の評価を高くしたいというような状態にあり，A児が注意されることを期待するし，保育者が注意しなければ自分がA児に注意しようとする。そのようなC児の行動がA児の状態を悪化させることになる。

　さらに，D児のような子どもは，保育者がA児を叱責する場面を期待している場合がある。

　保育者は，このような子どもの行動や心理を強く意識してふるまうことが少なくない。このため，A児の状態だけを考えれば，逸脱行動をしばらく見守り，落ち着いたときにゆったりと対応しようと考えるはずだが，他の子どもの状況などを考慮して，その場でA児に強く注意したり制止したりせざるをえなくなる。

　その結果，保育の場のシステムが混乱し，保育者はシステムの統

御力を失うことになる。

　インクルージョンという視点から保育者が統御力を再建し，保育を創造できるように支援するためには，A児の状態だけでなく，このような周囲の子どもの状況を適切にアセスメントする必要がある。その際に，2つの課題がある。

　第一は，B，C，D児の意見表明をいかに解釈するかという課題である。B児は，「A児は注意されないのに，どうして自分は注意されるのか」と異議を申し立て，A児も等しく注意されることや，自分も注意されないことを要求するかもしれない。その異議申し立てや要求に応えることによって，B児の意見が尊重されたと考えることが妥当かについては疑問が残る。一律に判断することはできないが，B児自身が抱えている発達上の未熟さや心理的な不安感などが，A児につられる行動として現れている場合が一般的である。異議申し立てや要求も，そのような現れの行動である。したがって，B児の抱えている発達上の未熟さや心理的な不安などの困難を，保育者が正しく理解して適切なケアが欲しいということがB児の意見表明であり，それを理解することが受けとめることになる場合が多い。同様に，C児のミニ保育者的な行動や，D児の挑発行動も，彼らがかかえる困難を背景にした行動の現れであり，その困難を受けとめて，彼らが求める支援を明らかにすることが，彼らの意見の表明を受けとめることである場合が多い。

　第二は，クラス全体を見ると，B，C，D児のような子どもは少数であり，多数の子どもは，それぞれに子どもなりにA児の状態を理解しているので，保育者がA児の行動について注意したり制止することを望んでいないという点である。つまり，クラスの多数の子

どもは，保育者がA児の逸脱行動などに対応することよりも，むしろ，現在の保育を継続して楽しく遊び生活できることを期待している。インクルージョンとは，社会の構成員の基本的な人権や市民権が平等に尊重されることである（ギデンズ，1999）。それを保育に即して考えれば，クラスの子どもの意見が平等に尊重されることである。ところが，A児のような発達障害児と，その周囲にB，C，D児のような子どもがいる場合には，保育者は，その少数の子どもの意見を過重に尊重する状況が生じやすい。それは結果的に，クラスの多数の子どもの意見が軽視されることになる。現象としては，それは，保育が退屈でつまらないものになっていくという形で現れてくる。

6　意見表明の解釈問題と少数者バイアス問題

上述の，第一の課題を，意見表明の解釈問題と呼び，第二の課題を少数者バイアス問題と呼ぶことにする。第二の課題をそう呼ぶのは，少数の子どもの状態が過剰に保育に影響を与えて，多数の子どもの意見が結果的に尊重されなくなるからである。

いずれも，インクルージョン保育における専門職の支援はどうあるべきかを考えるときに考慮されなければいけない重要な課題である。そこで巡回相談の専門性という観点から，この2つの課題について考察してみる。

意見表明の解釈問題は，基本的には，相談員のアセスメントに関する専門性に属する課題である。A児がルールを逸脱する行動を，A児の発達と障がいの状態や保育の状況などから解釈することはアセスメントの専門性に属する。その点では，B，C，D児の行動の

解釈についても同様であり，巡回相談においては，それもアセスメントする必要がある。ただし，子どもの行動観察や各種の資料から相談員の専門性に基づいてアセスメントすれば一義的にアセスメント結果が確定するかという点は留保が必要である。

筆者は子どもが発達し参加する権利を実現する活動として巡回相談を行なっているので，子どもは基本的な権利を有し，その実現を目指すという価値的な前提をもとにアセスメントを行なっている。そういう意味では，権利論的な価値を内在した活動としてアセスメントを行なっている。アセスメントを純粋な技術論だけで論ずることはできないと考える。また，巡回相談の実務的な面を検討すると，A児については，詳細な資料を得ることが可能であり，それをもとにアセスメントができるが，B，C，D児についてまで詳しい資料を得ることができないので，適切なアセスメントをすることは困難であるという制約がある。

少数者バイアス問題は，従来，相談員の専門性として議論されてきた枠に入りきらない問題であるが，障がい児のインクルージョンが実現できるかどうかにおいて，決定的に重大な問題である。少数者の意見だけが偏重されてクラスの多数の子どもの意見が軽視されるという現象は，以下のような状況と密接な関係がある。担任の保育について職員が共通理解をもち支持している場合には，担任保育者はA児の行動に対して落ち着いた対応ができる。ところが，クラスの状態について担任だけが責任をもち，たとえば，園長等の管理職がクラスの状況をチェックする場合，担任はA児の行動につられるB児の行動をコントロールしようとして，A児に対して過度に指示・指導的になる。つまり，園内の職員間の協力関係やコミュニケ

ーションの状況によって，少数者バイアスの程度は大きく変動する。さらに，例えば，A児の逸脱行動がクラスの他児への危がい行動になった場合など，保護者がそれを問題視して，担任と園に対して管理的な指導を強く要求する場合には少数者バイアスはきわめて大きくなる。つまり，少数者バイアスは，保育者が受ける社会的な圧力や社会との協力関係に強く影響される。

巡回相談において，保育者がそのような社会的な圧力を過剰に受けずに，職員集団や保護者集団と良好な関係で保育ができるように相談員が支援することができるならば，少数者バイアスという問題を抑制することができる。私たちは，カンファレンスにはできるだけ多くの職員が出席することを求めることにしている。それは，少数者バイアスを抑制する効果をもつと考えるからである。

このように考えると，インクルージョンにおける巡回相談員の専門性は，2つのレベルで考えることが妥当である。一つは，図10-3に示すように，対象児の状態をアセスメントして，そこから対象児の意見を解釈して，それを保育者に伝え，保育者が保育を創造できるように支援することである。これは相談員の狭義の専門性と位置付けることが妥当であろう。もう一つは，保育の場を構成する子ども一人一人の意見が平等に尊重されるように保育者を支援することである。これは，保育者とクラスの子どもたちとの関係性に関する支援であり，保育者が園内の組織において良好な協力関係やコミュニケーションをもつことや，地域が保育者の保育を理解し支える関係をもつことができることなどを含む。これは相談員の広義の専門性として位置付けることが妥当であろう。

7　現場で何をアセスメントするか
　　――「場面の切り替え」から保育への参加を見る

　保育という場では、子どもは、自由遊び、設定保育、食事・排泄・午睡などの異なる場面を移行することを必然的に要求される。そのときに子どもは気持ちと行動を切り替えるが、保育者は期待通りに動かない子どもへの対応に悩む。巡回相談では、「子どもが（場面や行動の）切り替えが難しい」という主訴となる。そういう相談主訴に頻繁に出会ってきた。

　典型的な切り替え場面を考えてみよう（第1章の図1-1参照）。給食が近づき、自由遊び（例えば、砂場遊び）を終えて、給食の準備にしようと保育者が子どもたちに声かけする。その後の子どもの行動を大雑把に見れば、遊びを止め、片付け、手洗い・排泄をして、準備をして食事へと移っていく。そのときに相談対象児に、保育者が声かけをして促しても砂場遊びをやめようとしない。

　子どもは、どのように活動に区切りを入れて別の活動に向かうのだろうか。子どもとじっくり付き合って見てみる。保育者が片付けから食事という流れに子どもをのせようと、「もうおしまいだよ」、「片付けようね」と具体的な行動を指示するときほど、かえって子どもは頑なに動かないことが多い。一見、逆説的なのだが、先の行動へと促すときではなく、それまでの活動を振り返る言葉かけがあったときに、子どもは自然に切り替えていく。保育者と子どもが、心から「楽しかったね」と言って一緒に確認することができると、自然に食事に気持ちが向かう。

　たいていの場合、切り替えることができないのは、次にするべき

行動が理解できないとか，見通しがもてないからではない。むしろ，それまでの活動を気持ちよく区切ることができないからである。それは，障がい児でも変わらない。入園して間もないときならば，次にするべきことが分からないかもしれないが，1ヶ月も生活すれば，生活の流れは理解している。分かっているけれども，切り替える気持ちにならないのである。

　実際，子ども一人一人を大切に育てていると感じる保育では，保育者は，活動の区切りで「楽しかったね，やったね」と，それまでを振り返る。そのとき，子どもは満足感や充実感を保育者や友だちと一緒に見出す。それを充分に味わってから，保育者は「明日，また，いっぱい遊ぼうね」と言って，その活動が，明日にも続くことを子どもに伝えている。子どもは，また遊ぶことができるとわかって安心すると同時に期待感をもつ。このようにして，子どもは活動に区切りを入れて一旦終えることができる。

　つまり，そのときの子どもの気持ちにあるのは，図1-1の，Cの矢印が示す食事への見通しでもなければ，Dの矢印が示す一つ一つの食事への準備作業ではない。むしろ，Aの矢印とBの矢印が表す，楽しい遊びが継続して発展していくイメージなのである。そのイメージを尊重することが子どもの意見を尊重することであり，一人一人のそのイメージを集団的な活動として保育にすることが参加を実現することである。

　発達に障がいをもつ子どもは，切り替え場面で，不安にさせられ，急かせる圧力を受けやすい。例えば，ダウン症や脳性まひの場合，運動能力が劣るために他の子どもから遅れがちになる。ようやく自分が楽しく遊ぶことができるようになったとき，すでにクラスの活

動が終わり，次の活動への切り替えを要求される。次へと保育者が促すだけでなく，ときには，クラスの子どもがミニ先生となって，抵抗しても，抱き上げて連れて行く。このような切り替え圧力はいたるところで見られる。

　気持ちに区切りを入れることなく強制的に移行させられた経験が蓄積すると，子どもは頑固になり，さらに切り替えることが下手になる。繰り返し経験すれば，子どもの発達に好ましくない影響を受ける。それは，子どもの意見が尊重されなかった歴史が，子どもの中で自己を形成するからである。

　図1-1を参考にすれば，子どもが生き生きと遊んで充実感・達成感ももったかどうかを判断することが，まず，アセスメントのポイントになる。さらには図1-1のA，Bの矢印で示したイメージを子どもが豊かに描いているかどうかを判断できれば，アセスメントは参加を支援する材料となる。

　子どもの発達や障がいの状態や，そのときの心理などの個人的な要因を考慮し，同時に，その日の保育がどのように創られていたのか，周囲の子どもたちや保育者との関係は良好だったのか，などの相互関係を総合的にダイナミックに把握することで，それは可能になる。そのためには，関連する資料と，それを分析できる発達や障がいや保育などを見る力が求められる。

　一方，保育の予定という大人の都合だけから，子どもに期待される行動を規定して，それを円滑にこなすという視点から子どもの状態をアセスメントすれば，子どもの発達を保障することにも，参加を実現する保育の支援にも繋がらない。

8 現場でアセスメントする
――状況が変われば子どもの行動も変化する

巡回相談の対象児をケン君（現在，対象児で多いのは自閉症・アスペルガー障害やADHDという発達障害であるが，マルトリートメントによる愛着障害をもつ場合が急速に増加してきている）とする。相談当日，担任保育者が「ケン君はいつもと違って見違えるように静かに落ち着いていました。ふだんのケン君の様子を見てほしかった」と言うことをよく経験する。

巡回相談では，外部の観察者が現場に入る。その影響でケン君の様子は変化する。なぜどのように変化するのだろうか。実は，なかなか自覚されることもないし，話題にも上がりにくいのだが，まず，影響を受けるのは保育者である。ふだんは大声で子どもを叱るのに，その日は，穏やかでやさしい口調になり，適切な間をとって丁寧に説明する。ときには，入念に保育活動を準備するので，テンポの良い分かりやすく楽しい保育になる。

クラスの子どもも影響をうける。ふだん，マサ君は，先生の話が理解できなくなったり退屈になったりしたとき「ケン，また間違えてる，ケンのバカ」と，ケン君のプライドを傷つけ，それがケン君のパニックを引き起こす。ところが，巡回相談の日は，マサ君は先生の話を理解できるし楽しいのでケン君を挑発する気持ちにならない。クラスの子ども全体が落ち着いた雰囲気になり，ケン君の状態は安定する。これらは，巡回相談が対象児に与える多様な影響の一例である。

もちろん，滅多にないことではあるが，巡回相談の日にケン君が

かえって落ち着かなくなるということがある。愛着の問題をかかえている場合などには，相談員の関心を引こうとして必要以上に大声を上げたり騒いだりすることがある。

そのケン君が家庭では家事などで親を助け，年下の兄弟の面倒をよくみる健気な子どもであるようなことは珍しくない。そういうときに，しばしば，保護者が話す家庭でのケン君の様子について，保育者は信じられないという気持ちをもつことになる。

また，巡回相談では別室で発達検査をするが，保育場面では5分と落ち着いて話を聞くことができなかった子どもが身じろぎもせずに30分以上も集中して課題に取り組む様子を見て，別人のようだと担任が驚くこともよく経験する。障がいをもっていても，たいていの子どもは，落ち着いた環境で，大人がゆったりと受けとめてくれて，自分の力に相応の課題を与えてくれる状況では，安心して課題に取り組むことができる。

いずれにしても，子どもの行動は状況に応じて変化するという事実を踏まえることはアセスメントにおける重要なポイントである。どれか一つの場面でのケン君の姿だけが正しいと考えたとたんに，ケン君の周囲の関係者の協力は難しくなり，支援が行き詰ることになる。

9 発達を支援し保育の改善に寄与するアセスメント
―― ポジティブなアセスメント

その年齢に期待される基準や保育場面で保育者が期待する基準から，子どもの行動を評価すると，相談対象児は，否定的に評価されやすい。例えば，「落ち着きがなく先生の話を聞かない」，「言語発

達が遅れている」,「他児に乱暴な行動をする」などである。このように評価することは, とくに専門性がなくてもできる簡単なことである。

　しかし, その日に観察した,「他児の髪を引っ張る乱暴な行動」が, 友だちに関心を抱きはじめ, 関わりを求め始めたという意味で, その子どもが発達していく芽であるような場合がある（問題行動は発達の危機であるが, それは発達のチャンスにもなりうる）。それを好ましくない行動と評価して, 禁止し抑制するだけの対応につながるアセスメントをすれば, 子どもの発達を支援することにならない。

　事前の資料から, 対象児が他者への関心が芽生えはじめ, それが行動として出現する発達状況にあると推定できるときがある。そういう予測をもちながら,「髪を引っ張る行動」を観察すると, 友だちと関わりを求めている気持ちが見えてくる。だから「ケンちゃん, いけません。アヤちゃんが痛いって」と言葉をかける保育者だけでなく,「アヤちゃんと遊びたかったんだよね」と言葉かけする保育者がいる。

　そのケン君が, クラスを抜け出して乳児クラスでは, 年少の子どもと保育者と一緒に仲良く遊んでいることがある。また, 土曜日や夕方など, 子どもの人数が少ない時間には, アヤちゃんと仲良く遊ぶことができるということがある。

　このような情報を総合すれば,「ケン君は, 友だちへの関心が芽生え, 関わりを求める気持ちが育ちはじめている。多くの子どもがいて保育環境がざわざわしている場面や, 友だちが拒否的に応じるときには, その気持ちが髪を引っ張ったり嚙み付く行動になる。しかし, 保育環境が静かで落ち着いていて, 子どもが受容的に接して

くれるときや，子どもとの関係を保育者が丁寧に調整するときには，友だちと仲良く遊ぶことができる。また，その気持ちを尊重した言葉をかけることで，ケン君の関わり方が育つと同時に，友だちがケン君を受け入れる気持ちが育つので，友だち関係が良好になる場面を作ることができる」というアセスメントになるはずである。

好ましくない行動が生じる状況を明らかにすることは，問題行動の予防という点で役立つことがある（上述の前半部分）。しかし，それ以上に，肯定的な行動が形成される状況をできるだけ豊かに描くポジティブなアセスメント（上述の後半部分）によって，保育と子どもの参加を支援することができる。

担任保育者は，問題行動への対処に悩んでいるときには，その子どもの多様な様子に気づかないことがある。資料や観察時のエピソードやカンファレンス時の他クラスの保育者の報告などには，ケン君に関する貴重な情報が埋もれている。巡回相談の成否は，具体的にポジティブなエピソードを豊かに発見し，それを整理して，子どもが保育へ参加するように活かす道すじを見つけることにかかっている。巡回相談員の専門性は，そこにある。

10　開放され書き換え可能な柔らかいアセスメント

近年，保育者は保育に悩む以上に，保護者との関係に困難を感じている。例えば，ケン君の状態に関して，保育者の見方と，保護者の見方が食い違い，協力関係を築けない場合である。ケン君の様子が園と家庭ではかなり異なることはよくある。保育者が，ケン君についての見方を保護者に伝えたとき，保護者は家での状態との違いに驚くだけでなく，保育者に対して不信感を抱く。

保育者も保護者もケン君の状態をそれぞれの立場と状況において見たてている。それは，素朴なアセスメントである。仮に，保育者と親のアセスメント（見たて）を，それぞれＡ，Ｂとしよう。ＡとＢとの間に，食い違いや対立があるときに，保育者はしばしば，自分たちは専門職なので，Ａの方が正しいと考える傾向があり，Ｂに疑いを抱き，Ａを親に理解してもらいたいと考える。

　現場に出向く専門職は，現在，このような関係者間の食い違いを乗り越えて協力関係を構築する課題に直面している。その際，アセスメントとはどうあるべきかが問題になる。巡回相談員も専門職として，自分の見たて（アセスメント＝Ｃとしよう）が正しいと考えて，それを保育者や保護者が受け入れることが当然だと考える傾向がある。しかし，現場で目撃するのは，関係者間の見たてにおいて，一方が他方よりも正しい（正統な）見たてであると主張した途端に，他方から不信感をもたれ協力関係が毀損されるという事態である。

　Ａ，Ｂ，Ｃともに，それぞれの立場と状況からのケン君の状態の見たてである。専門職だからといってＣが特権的な立場に立つという合意は，現場にはない。いずれも対等な関係になる。この状況で，相談員のアセスメントが現場から信頼される（正統だと評価される）ためには少なくとも以下の点が求められる。

　アセスメントが開かれていること：アセスメントの結果を提示するだけでなく，どのような資料を基にどういう根拠でアセスメントしたか，その過程全体を関係者が理解できるように，文書などで分かりやすく説明することで，アセスメント過程が関係者に開かれている（9章の図9-1に示された過程の中のカンファレンスの説明と報告書の記載が，保育者や保護者に充分にわかりやすい）必要がある。

アセスメントは常に暫定的であり，書き換え可能であること：Cは，AやBと出会うことで，書き換えられていく（多くの状況・文脈を総合したものとして精緻化される）。その意味で，Cは常に暫定的であり，保護者や保育者からの情報を得るごとに書き換えられていく。

　専門職がその固有の論理で専門性を高めれば，正統にアセスメントできると考える限り，「食い違い」がある現場では，協力関係を築くことは困難である。それぞれの見たてであるAやBに出会っても，書き換えを拒否する硬いアセスメントは，今日，現場では不信の目で受けとめられる。ケン君の育ちに責任と権限をもつ関係者（親・保育者・他の専門職など）の情報を得ながら不断に書き換えて改善する，開かれたアセスメントによって，支援は正統性が担保され実効性をもつ。つまり，第9章の図9-1に示したアセスメントは常に暫定的である。カンファレンスなどで，保育者や保護者から情報を得ることによって，そのアセスメントは書き換えられるという柔らかな姿勢が求められる。相談員は保育者や保護者から学ぶことによってこそ，専門性を有効に発揮できるのである。

　前節で記載したケン君のアセスメントは，保護者からの情報を得ることで，例えば，「家では，半年ほど前から弟への関心が芽生えて関わりを求め，弟のような乳児に対してはやさしくいたわるような行動が見られる。園でも乳児クラスの子どもには，同様な行動が見られることがある。……」と，より豊かなものへと書き換えられる。このようにして，関係者のケン君に対する見方は幅広くなると同時に合意形成可能なものとなり，その結果，ポジティブな視点を持ち，具体的に協力できる保育目標を産み出すきっかけになる。

巡回相談では，アセスメントは，対象児や保育の状態に関する固定的な「正解」を作る作業ではない。むしろ，それを基に関係者がつながり，より良い関係を構築するきっかけを産み出すツールだと考えるべきである。心理学など専門職内の閉じられた論理で「いかに」アセスメントするべきかを超えて，その現場で「なにを」アセスメントするべきかに取り組む姿勢へと開かれることが現場で有効な支援を可能にする。
　そうしてはじめて，専門職は，子どもの「参加」の実現に寄与できるのである。

文献

ギデンズ，A．佐和隆光（訳）　1999　第三の道：効率と公正の新たな同盟　日本経済新聞社

東京発達相談研究会・浜谷直人（編著）　2002　保育を支援する発達臨床コンサルテーション　ミネルヴァ書房

《執筆者紹介》

浜谷直人（はまたに なおと）序章，第1章，第9章，第10章
　首都大学東京都市教養学部　教授

芦澤清音（あしざわ きよね）第5章，コラム
　帝京大学文学部　教授

飯野雄大（いいの たけひろ）コラム
　首都大学東京大学院人文科学研究科　博士後期課程

五十嵐元子（いがらし もとこ）第3章，コラム
　白梅学園大学発達・教育相談室　助教

宇野敦子（うの あつこ）第2章
　川崎市非常勤心理相談員

田中浩司（たなか こうじ）第4章，第7章，コラム
　首都大学東京都市教養学部　准教授

照井裕子（てるい ゆうこ）第6章
　湘北短期大学保育学科　講師

三山　岳（みやま がく）第8章，コラム
　京都橘大学人間発達学部　助教

発達障害児・気になる子の巡回相談
――すべての子どもが「参加」する保育へ――

2009年8月20日　初版第1刷発行	〈検印省略〉
2013年9月30日　初版第2刷発行	

定価はカバーに
表示しています

編著者	浜　谷　直　人
発行者	杉　田　啓　三
印刷者	田　中　雅　博

発行所　株式会社　ミネルヴァ書房
607-8494　京都市山科区日ノ岡堤谷町1
電　話　(075) 581－5191 (代表)
振替口座　01020-0-8076番

©浜谷直人ほか, 2009　　　　　創栄図書印刷・兼文堂

ISBN978-4-623-05525-8
Printed in Japan

保育を支援する発達臨床コンサルテーション
―――――――――東京発達相談研究会・浜谷直人 編著
A5判 226頁 本体2200円

長年にわたる巡回発達相談でもちこまれた事例をもとに，子育て支援法や地域のケア資源の有効な活用法を示す。

共感――育ちあう保育のなかで
―――――――――佐伯 胖 編
四六判 232頁 本体1800円

子ども，保育者，保護者が保育のなかで育ち合うさいに生まれてくる共感を軸に，これからの保育実践を展望する。

障碍児保育・30年――子どもたちと歩んだ安来市公立保育所の軌跡
―――――――――鯨岡 峻・安来市公立保育所保育士会 編著
A5判 264頁 本体2500円

30年にわたり，悩み，考え，話し合い，喜びを分かち合ってきた障碍児保育実践の取り組みを，いま語り継ぐ。

保育のためのエピソード記述入門
―――――――――鯨岡 峻・鯨岡和子 著
A5判 256頁 本体2200円

保育の中の興味深い場面を描くエピソード記述を実例を示して紹介し，園カンファレンスでの活用の仕方なども解説する。

エピソード記述で保育を描く
―――――――――鯨岡 峻・鯨岡和子 著
A5判 272頁 本体2200円

いま，ますます役割が大きくなり，むつかしくなってきた保育者のしごと。そのきびしさ，楽しさが保育者のエピソードから生き生きと浮かび上がる。

子どもの心の育ちをエピソードで描く
――自己肯定感を育てる保育のために
―――――――――鯨岡 峻 著
A5判 296頁 本体2200円

子どもの心はどのように育てられて育つのか？　保育者が子どもに心を寄り添わせることで紡ぎ出したエピソードから，子どもたちの心の育ちの問題を考える。

――――― ミネルヴァ書房 ―――――

http://www.minervashobo.co.jp/